日本国史

世界最古の国の新しい物語《ヒストリー》

下

田中英道
東北
Tanaka Hidemichi

育鵬社

◉目次◉

日本国史・下——世界最古の国の新しい物語《ヒストリー》

第十三章　日清戦争から大東亜戦争まで——近代化された日本の戦争

第十四章　現代に続く日本文化の財産

編集協力――本山　航
装幀――村橋雅之

本書は平成三十年六月刊行の田中英道著『日本国史』（育鵬社刊）に加筆を行い、上・下巻で刊行するものです。

日本国史・上

第八章

鎌倉時代——武家政治が生み出した仏教美術

◉明治まで続く武家政治は、どのようにしてはじまったのか？

平安時代には、摂政関白の支配力が強くなり、また地方分権が進み、天皇家の力が弱まりました。同時に権威としての天皇と権力としての摂関政治が分離することによって社会に安定が生まれました。しかし、地方の豪族たちが力をつける一方、摂関政治が衰えを見せはじめた平安末期から鎌倉初期にかけて、天皇が自らの力を取り戻そうとする動きが生まれました。それが院政です。天皇を辞めたあと上皇となって政治を運営しようとしたのです。後白河上皇や鳥羽上皇などがその代表格です（上皇が出家したかたちが法皇）。

このころ**源氏**や**平氏**といった武家の力が強くなってきました。武家は本来、天皇家や貴族あるいは地方で土地争いをする氏族を守る役割を果たしていました。源氏とは、天皇家と同じ源であるという意味でつけられた名前です。天皇家でも、宮廷に残る皇子とは別に、臣籍降下して地方に国司として派遣された者が源氏のはじまりです。平氏も同じでした。嵯峨源氏とか桓武平氏というのは、その天皇の名前をとっています。かれらが**武士**となっていきました。したがって、武士が朝廷に反抗することはなかったのです。

しかし平安末期、東北で二つの戦いがありました。前九年の役は、陸奥国の豪族安倍頼時が賦役を納めなかったので、源頼義、義家父子が討伐した事件です（一〇五一〜六二年）。また後三年の役は、同じく陸奥国の豪族清原氏が内紛を起こした際に、陸奥守として赴任した源義家が、苦戦の末にこれを平定した事件（一〇八三〜八七年）です。これによって源氏は、東国に地盤を確保しました。その義家に加担した清衡《きよひら》が、平泉に陸奥、出羽を支配する藤原三代の栄華を誇りました。ここに武士の時代がはじまったといっていいと思います。この東国の政権は、決して朝廷に反抗したわけではなく、かえって地方から支持したのです。

中央では、**保元《ほうげん》の乱**（保元元年・一一五六年）、**平治《へいじ》の乱**（平治元年・一一五九年）が勃発したのも、源氏、平氏がそれぞれかつての天皇家の後裔《こうえい》だったことにあり、現天皇家の宮廷と複雑にからんでいました。決して公家と武家が分かれて戦ったわけではないのです。この二つの乱で、勝利したのは平氏でした。

平清盛が仁安《にんあん》二（一一六七）年、太政大臣となり、平氏政権を打ち立てました。藤原氏にとってかわった政権でしたが、福原遷都など無謀な動きをして、没落を早めました。

治承四（一一八〇）年に起こった治承の乱では、南都の宗教勢力の鎮圧にあたった平重《しげ》衡《ひら》が民家に火を放ったところ風にあおられて燃え広がり、東大寺の大仏や興福寺が焼失しました。

この奈良の焼き討ちは人々の反感を買いました。国家鎮護の象徴である大仏を破壊するなどということは、朝廷や奈良の人々だけでなく、全国民の憤激を招き、反平氏の動きを強めました。**源頼朝**が平氏討伐を呼びかけると、各地の源氏が平氏打倒の兵を挙げたのです。瀬戸内海に逃げた平氏は、**源義経**の軍勢によって壇ノ浦の戦いに敗れ、寿永四(一一八五)年、一族は安徳天皇とともに海に沈みました。

義経は都にもどり、後白河法皇に官位を与えられたために、鎌倉の頼朝と対立せざるを得なくなりました。頼朝は都に兵を送り、法皇を問い詰め、義経を捕えるために、自分の部下(御家人)を守護や地頭として各地に置くことを認めさせたのです。平泉に逃げた義経は、奥州藤原氏の保護を求めましたが、逆に討たれ、さらに平泉も頼朝によって滅ぼされました。

建久三(一一九二)年、頼朝は**征夷大将軍**に指名され、鎌倉を都にして**鎌倉幕府**を築いたのです。これ以後、明治に至るまで武家政治が続くことになります。鎌倉ではまずその寺社の造営などに、平泉の文化を引き継ごうとしました。頼朝は奈良の大仏殿の復興に力を入れ、建久六（一一九五）年の供養の際には数万の兵を率いて上洛しています。この恩義により、**承久の変**のとき、後鳥羽上皇の召集にも、東大寺、興福寺の僧兵は従いませんでした。

　頼朝の死後、幕府は十三人の合議制に移りました。これは政治の実権を将軍が一手に握るのではなく、幕府の有力者十三人の合議によって決定するというものでした。しかし、頼朝の妻、北条政子の父、時政が実権を握り、その後の政治を鎌倉で執り行いました。これを執権政治といいます。それを後鳥羽上皇が承久三（一二二一）年に討とうとしましたが、幕府軍に敗れ、隠岐《おき》の島に流されました。朝廷はその後、幕府の監視下に置かれました。京に六《ろく》波羅《はら》探題《たんだい》という役所が置かれたのです。

源頼朝（神護寺蔵）

　鎌倉時代の特徴として、公的な歴史書が書かれなくなったことがあります。『今鏡』『水鏡』『愚管抄《ぐかんしょう》』などが書かれていますし、『吾妻鏡《あづま》』という鎌倉幕府の一貫した流れを書いた歴史書も出てきます。しかし、これらは鎌倉という関東の新たな勢力の歴史を書きとめたもので、六国史のような天皇を中心とした宮廷の歴史を書いたものとは異なります。

そこでは天皇の存在は無視されています。権威としての天皇の存在は依然として強いのですが、そこに幕府が介入するようになったのです。そのきっかけをつくったのが後鳥羽上皇の起こした承久の変でした。この事件以降、皇位継承問題に幕府が介入し、実質的に支配するようになりました。これは皇室の力を失わせる結果になりました。

ただ、先の話をすれば、ここから大覚寺統、持明院統という二つの皇統の争いが生じ、鎌倉幕府の終焉を早める結果になっていきます。

地頭となった武士は、荘園の年貢を取り立てる権限をもち、土地の支配をめぐって荘園主と争うようになり、しだいに管理者になって農民に田畑を耕作させました。貞永元（一二三二）年、北条泰時のとき、武家社会のおきてや裁判の基準をまとめた御成敗式目（貞永式目）が制定され、武士の間に定着しました。

◉土地争いを減少させた問注所と貨幣経済の発達

鎌倉時代、源頼朝が鎌倉殿として武士の頂点に立ちました。平氏は朝廷に入り込み、朝廷を通じて支配しようとしましたが、鎌倉幕府は、京都の朝廷、地方の荘園や公領はそのままにして、幕府と主従関係を結んだ御家人を守護・地頭として地方に送り込んで治安を維持するという形をとりました。朝廷が送った国司や郡司はそのままだったため、一種の二重支配のような構造になったといえるでしょう。要するに、土地をすべて召し上げてまったく新しい武家政権をつくるのではなく、いかにして地方を武家中心に守り、争いを防ぐかを考えたのです。

その一つとして、土地争いや財産争いなどを収めるための問注所《もんちゅうじょ》と呼ばれる訴訟受付機関がつくられました。土地の支配権をめぐる争いが当事者同士の武力闘争に発展しないように、武士の騒乱に幕府が仲介する制度を立ち上げたわけです。これが鎌倉幕府の新しい統治の一つの原則となりました。

これまでは、所領の問題を天皇や将軍が直接裁断すると負けたほうは恨みをもち、それが主従関係の解消につながるようなこともありました。それを回避するために、訴訟の解決を図る一方で公家や天皇にまで影響が及ばないような仕組みをつくったのです。無用な混乱を招かないというのが頼朝の方針でした。

武家の社会になったから武力でかたをつけるというのではなく、武の力を背景にしながらも土地所有を法的に安定させる方法を選んだのです。この時代に文化芸術が盛んになるのも、そうした幕府の方針によって社会が安定したためです。

奈良・京都の文化圏から遠く離れた鎌倉に幕府を置くことにより、新たに武士や庶民の文化が花開きました。問注所をつくったことで土地争いが減少し、相続には分割制度が採用されて所領は細分化されました。

それによって土地から上がる収益が少なくなりましたが、代わりに貿易や物資の交換がはじまりました。これが貨幣経済を発展させました。貨幣経済が日本に浸透しはじめたのは鎌倉時代中期からです。土地もお金で売買するようになりました。

その負の部分も出てきました。貨幣経済の発達によって、逆に没落する人たちが多くなってきたのです。永仁五（一二九七）年に幕府が永仁の徳政令を出しました。これは御家人に所領の売買や質入れを禁じ、売却・質流れした所領は元の領主が所有するなどを命じたもので、土地を売ってしまって税金が払えなくなった御家人たちを救済するための策でした。

商人の存在が大きくなりました。これまで商人は一つの勢力とはならなかったのですが、御家人に金銭を貸し付けるなどの商業が本格化するにしたがって、その存在が大きくなったのです。

貨幣経済の中に支那の貨幣である宋銭が入ってくると為替の問題が出てきました。また、頼母子講《たのもしこう》のようにお金で儲ける商人も出てきました。これは資本主義のはじまりといっていいでしょう。

このころ品種改良が盛んに行われ、新しい肥料がつくられました。それも産業の発達に拍車をかけたのです。貿易も盛んになり、日元貿易、日宋貿易が盛んになりました。寺社が船をもち、外国から造営の資金や用材を得るようなこともはじまりました。対外的な関係が経済にも及ぶようになったのです。これが商業の時代、室町時代へ移行する大きな動きとなっていくのです。

◉東大寺の再建によって結びついた天皇家と源頼朝

養和元（一一八一）年、平氏によって焼かれた大仏再建のために後白河法皇は地方の豪族や武家に助けを求めました。それによって造東大寺司という東大寺の再建を行う役所が設置されました。再建費用を集めるために勧進職が置かれ、法然らの推薦もあって、当時六十一歳の重源《ちょうげん》という僧がその役にあたることになったのです。

いま東大寺に『俊乗房《しゅんじょうぼう》重源上人坐像』が残っています。運慶《うんけい》の息子の湛慶《たんけい》の作だと思われますが、非常に優れた彫像です。その像を見ると、指名を受けて東大寺再建にあたった重源の使命感、公の精神、東大寺再建を文化事業として行うことに対する強い意志が感じられます。

重源は、鎌倉にいた源頼朝、平泉にいた藤原秀衡《ひでひら》に勧進、つまり基金を募りました。鎌倉、平泉といった地方の武家の勧進を得るというのは、中央政治が地方に圧倒されるこの時代を象徴しています。

建久六（一一九五）年、東大寺が落成しました。このとき源頼朝は妻の北条政子と共にわざわざ鎌倉から奈良にやって来ました。東大寺の総供養も行われ、そこにも鎌倉幕府が貢しました。

平安時代は洗練された文化をつくりましたが、活力に欠けるところがありました。そこに新しい動きをもたらしたのが源頼朝です。そしてその仲立ちをしたのが西行《さいぎょう》です。西行は勧進を求めて鎌倉、平泉に赴きました。その姿は運慶の『無著像《むぢゃくぞう》』に反映されています。

文化と政治は別物と思いがちですが、そうではありません。文化は政治と密接にかかわります。また特に経済的な裏付けを必要とします。それが逆に東大寺再建を早めたということができるでしょう。普通であれば、まだ源平の争いが続いているときに急いで再建する必要はないと考えるところです。しかし、東大寺は焼失から一年後には再建に取り掛かっています。これは東大寺の再建が争いよりも重要だと考えたということです。事実、東大寺再建は天皇家と武家との結合をつくり出すことになりました。「東大寺が滅べば国もまた滅ぶ」（聖武天皇）という精神です。

文化事業は余裕のあるときにつくるものという先入観がありますが、東大寺の大仏という宗教的な中心の再建が戦争の終結につながり、それに貢献した鎌倉幕府の正当性を保証したのです。頼朝がわざわざ鎌倉から落成供養にやってきたのは単なる宣伝ではありません。文化には力がないと考えるかもしれませんが、むしろ文化が政治を動かしたのです。文化をつくることが武家にとっても重要だったということを強調しなくてはいけません。戦いに必ず勝つという強い精神がなければ政治も動かせません。そういう願いを仏像に託していったのです。同様に神社仏閣に勧進することも、為政者には非常に重要なことだったのです。

東大寺の再建を通じて、武家は新たな日本の文化を再生し、新たな活力を生み出しました。平氏を滅したあと、頼朝は平泉の藤原氏を攻め滅ぼします。新しい鎌倉政権をつくるにあたり、義経を匿《かくま》っていた平泉との対立が憂慮されたからです。この平泉の戦いで頼朝は平泉の文化に接し、京都とは違った文化があるのを発見しました。頼朝は平泉のさまざまな寺社や庭園を模倣して鎌倉に取り入れました。たとえば鎌倉の養福寺や永福寺は文治五（一一八九）年に奥州合戦で戦死した源義経や藤原泰衡《やすひら》ら多数の将兵の鎮魂のためにつくられましたが、それは平泉中尊寺の二階大堂（大長寿院）に倣っています。その意味では、平泉は鎌倉文化の先駆であったのです。

残念ながらいまは平泉関係の遺跡はほとんど焼失していて見られませんが、鎌倉文化はまさに平泉の影響でつくられたものなのです。

◉揺れ動く時代の中で生まれた鎌倉新仏教

揺れ動く時代が、武士や庶民の間に仏教信仰を根づかせていきました。仏教が大衆化していく中で**浄土宗**や**浄土真宗**が生まれます。

法然《ほうねん》は浄土教の教えを徹底し、「南無阿弥陀仏」と念仏を唱えれば、誰にでも極楽往生が約束されると説きました。弟子の**親鸞**《しんらん》は、罪深い悪人こそ阿弥陀仏が救おうとしているのだと説き、浄土真宗（一向宗）を広めました。**一遍**《いっぺん》も**時宗**を開いて諸国をめぐり、念仏踊りを行って教えを浸透させました。しかし、他力本願の教えは仏教本来のあり方を否定していきます。本来、仏教は個人宗教として自己の罪を悟り、それを自己陶冶によって克服する自力本願が原点でした。ただ祈れば救われるということになると、仏教徒の数は確かに増えますが、本来の仏教のもっている部分が失われていくことになります。

日蓮《にちれん》はこれらを批判して、法華経にもとづき、題目「南無妙法蓮華経」を唱えればそのまま仏になれるし国家も救われると説いて、**日蓮宗**（法華宗）を開きました。しかし、題目を重視することは、経典に書かれたものを信仰することであり、自分自身や現実に対する働きかけではなくなります。そのため日蓮は迫害を受けました。天皇を中心とする神道的な思考体系を否定すると考えられたからです。日蓮は別に神道に対して強い反感をもっていたわけではありませんが、統治者にとっては非常に危険に見えたのです。

宋に渡った**栄西**《えいさい》や**道元**《どうげん》は禅宗を伝え、栄西は**臨済宗**、道元は**曹洞宗**《そうとう》の祖となりました。念仏宗や法華信仰は庶民や地方武士に支持され、禅宗は主に知識人の間に広まった宗教でした。禅宗はひたすら坐禅することによって悟りを得ようとする宗教です。鎌倉では二代将軍頼家や北条政子が信仰し、武士の間に広まりました。

こうして新しい仏教の動きが起こってきたのです。これに対して天台宗や真言宗などの権門といわれる既成の宗派も改めて戒律を重んじ、勢力の引き締めに努力しました。これは日本の特徴ですが、時代が変わっても前のものがすべて消滅するとか破壊されてしまうということがありません。少なくともある期間は並立して存在しています。完全に根絶やしにしないということが歴史の中で連続性を生んでいるのです。

中国やヨーロッパでは、政権交代がそのまま歴史の断絶をつくっていきます。それは支配をする民族が変わるせいでもありますが、日本には文化と伝統の断絶をさせない一つの思考のパターンの連続性があると思います。それは日本の自然信仰、自然道の力です。『愚管抄《ぐかんしょう》』の著者慈円《じえん》は「道理」という言葉を使っています。もし歴史に道理があるとすれば、それは自然道に基づいていると私は思います。

◉武士の気風を反映した力強い文化の誕生

鎌倉時代、武士や民衆が力をつけました。このことが文化に反映されないはずはありません。それまでの貴族文化に加えて、武士の気風を反映した力強い文化が生まれてきました。

文学では、合戦の様子を力強く描いた軍記物語や、語り伝えられている説話を集めた説話集がつくられました。保元の乱を書いた『保元物語』や平治の乱を描いた『平治物語』は、武士の勝利と貴族の没落が見事な人物の書き分けによって描き出された、すぐれた作品です。

『平家物語』は軍記物語の白眉《はくび》です。盲目の琵琶法師によって各地で語られ、広まっていきました。物語は平氏の繁栄と没落を描いているのですが、勝利した頼朝を称えたりはしていません。何よりも戦いの中で苦悩する人々の姿が描かれているのです。この世のすべてを無常として語りました。義経の物語もその一部です。だからこそ、多くの共感を得ることになったのでしょう。琵琶法師は琵琶をかき鳴らしながら五七五七七のリズムに乗せて壮大な叙事詩を歌いました。楽器の伴奏に合わせて物語に節を付けるという語り物は文字で読む文学とは違い、音で聞くことによっていっそう無常の世界を引き立てました。

平安末の『今昔物語集』にはじまる説話文学は、庶民の文学といえます。そこに描かれた庶民の生き生きとした姿は、時代の息吹を感じさせるものです。いまでは当時を知る史料としても貴重です。

公家の間では依然として和歌が盛んでした。後鳥羽上皇は藤原定家などに命じて、『**新古今和歌集**』を編纂させました。作風では技巧が尊ばれました。時には技巧に走りすぎるものもありますが、『万葉集』や『古今和歌集』よりもさらに洗練され、繊細さと哀愁の情にあふれた歌が多くなっています。力が衰えていく公家社会を反映しているようです。

西行は人間と自然との一体感を描いています。『山家集《さんかしゅう》』の中に、

「願わくば花の下にて春死なん　その如月《きさらぎ》の望月《もちづき》の頃」

という有名な歌があります。これは自然の中に帰一していこうとする精神の表れです。生も死も自然の中にあるのだということを詠っています。

鎌倉時代は見るべき随筆も生み出しました。歌人でもあった鴨長明《かものちょうめい》の『方丈記《ほうじょうき》』と、同じく歌人の吉田兼好の『徒然草』です。ともに時代のはかなさと人生の無常をつづっています。「無常」とは、確かではない、移り変わるということです。この時代の人々の実感を表現した言葉であるといえます。

『徒然草』を書いた兼好法師は宮司の息子ですが、仏教をよく知っていました。また社会の動きをよく見ていました。そのため『徒然草』を読むと、当時の社会、宗教、国家の動きが非常によくわかります。鴨長明は地震や洪水もこの世のはかなさと見て、その破壊性を受け入れる心境を『方丈記』に書いています。それは日本人の感性の中にもともとある自然に対する諦念に基づいたものでしょう。

突き詰めていえば、日本の文学は自然を常に主題にしながら、自然の中での人間との触れ合いを描いていることです。自然との交わりは狩猟、漁労、採集、農耕といった経済活動を生み、そこから自然の恵みを得ていく半面、飢饉、洪水、地震といった試練にも直面します。それを甘受していくというのが日本人の精神なのです。

他方で、西行は伊勢神宮に行ったときに、

「なにごとのおはしますかは知らねども　かたじけなさに涙こぼるる」

と詠んでいます。この歌には神道が自然と一体となっていることが表現されています。しかし、それは言葉で表現できないというのです。この時代の詩人・文人たちがすべて同じようなことをいっています。このことも日本文学が一貫して自然と交わり、あるときは自然を克服しようとする中に表現を求めて来たことを表していると思います。

◉十三世紀の鎌倉美術に表出している、十七世紀バロック芸術の写実美

美術に焦点を絞ると、鎌倉時代はバロックの時代であるといえます（上巻巻末参照）。「バロック」という言葉は西洋美術の用語で、動きのある写実的な様式を示し、十七世紀のヨーロッパ美術を彩りました。その傾向が鎌倉時代の美術に表れているのです。

一例を挙げれば、再建された東大寺の南大門です。宋から入った新しい様式を用いて再建されましたが、両脇に安置された巨大な金剛力士像の荒々しい動きのある肉体表現は、バロックそのものです。ちなみに金剛力士像は長らく運慶《うんけい》や快慶《かいけい》の作といわれていましたが、それは間違いで、修復中に見つかった記録から定覚《じょうかく》と湛慶《たんけい》の作であることがわかっています。

この時代の建築、彫刻をリードしたのは慶派といわれる奈良仏師たちでした。東大寺や興福寺の再建では、**運慶**が参加して多くの仏像を制作しています。代表作は興福寺にある『無《む》著《ちゃく》像』でしょう。威厳と悲しみの表情をたたえたすぐれた肖像彫刻です。この像が『西行像』（MOA美術館）に似ていることから、西行をモデルにしたのではないかと考えられます。また『世《せ》親《しん》像』が、神護寺の文覚《もんがく》上人にそっくりで、当時の勧進の上人たちを表したと思われます。現実の人物を見た人々は、仏教というものが人間的な姿をしたものだと、これらの像で実感したのではないでしょうか。

高野山金剛峯寺の『八大童子』も素晴らしい表現です。静岡の願成就院《がんじょうじゅいん》の『二童子像』。逗《ず》子《し》の浄楽寺の『毘沙門天像』。これらはいずれも関東にあって、東国武士の新しい動きが表現にも表れているようです。

毘沙門天像　国宝　運慶作　願成就院

運慶の子である湛慶や康勝《こうしょう》、父の康慶《こうけい》、康慶の弟子の快慶、定慶《じょうけい》など、いずれもすぐれた仏師で、素晴らしい作品を残しました。

京都の妙法寺三十三間堂に残る『婆藪仙人《ばすせんにん》』や『摩和羅女《まわらにょ》』の像は湛慶の作ですが、年老いた日本人の顔に浮かぶ忍耐心と深い人間性、仏を敬う心が、実によく表されています。

興福寺東金堂にある定慶の『金剛力士像』は日本人の肉体のたくましさを表現していますが、西洋のギリシャ彫刻とは明らかに異なった、引き締まった姿に迫力があります。

六波羅蜜寺《ろくはらみつじ》には、寺の創立者で「市の聖」といわれた空也上人の像が残っています。運慶の四男の康勝の作品です。一一七センチの非常に小柄な像ですが、この時代の仏教彫刻の極北と呼べる作品になっています。

これらの慶派の彫刻は鎌倉が生み出した新しい文化といっていいでしょう。東国の武士たちの活力が運慶にのりうつり、それが慶派に反映されたのです。

また、その表現には平安時代の他力本願を旨とする浄土教ではなく、天平や奈良時代の自力本願的な古い仏教の影響が見られます。要するに仏師たちは天平時代の古典彫刻を学び、その研究を踏まえた上で、作品に写実性と躍動感を与え、仏教彫刻に新しい風を吹き込んだのです。

いまもなお鎌倉のシンボルとなっている鎌倉大仏は、建長四（一二五二）年ごろに建てられたといわれます。作者ははっきりわかりませんが、奈良の大仏ができてから五百年後につくられています。形式的につくられた像では決してありません。鎌倉大仏は十二メートルぐらいの高さで奈良の大仏より小さいのですが、そこに奈良の大仏をつくったときの考え方を復興させようとしていることは確かです。つまり仏教が国を守る、鎌倉幕府を守護するという意味を込めているのです。

絵画も写実性が強くなりました。

似絵《にせえ》といわれる写実的な肖像画が盛んになり、傑作が生み出されています。神護寺の『源頼朝像』は、単純化された線で人物の気品をよく表現しています。似絵の名手、藤原信実《のぶざね》の作と思われます。

また、「頂相《ちんぞう》」と呼ばれる禅僧の肖像画が盛んに描かれました。大徳寺の『大燈国師』、明智院の『夢窓国師』などがそれです。高僧の人間性を巧みに写した作品です。禅宗では仏像よりもこのような高僧の姿に禅のあり方を見ようとする傾向があって、「頂相」が発達したのだと思われます。これらの肖像画の作家として無等周位《むとうしゅうい》が考えられます。

この時代は政治の動きに文化が対応した作品も多く生まれました。合戦の様子、寺社の縁起、高僧の伝記などを題材にしたすぐれた絵巻物がたくさんつくられました。『平治物語絵詞』には藤原信頼と源義朝による三条殿夜討の場面があります。これはまさに政治のありさまを描いています。その後も『蒙古襲来絵詞』『前九年合戦絵詞』『後三年合戦絵巻』といった戦争絵巻が次々に描かれていきます。これらは単に絵画として自立した物語絵ではなく、記録画といえるものです。

『平治物語絵詞』では火事や行列の場面が見事です。特にすぐれているのは構図で、その秀抜さはそれまでの絵巻物を集大成した感があります。住吉慶恩《けいおん》の作と推定されます。

『地獄草紙』は恐ろしい地獄の様子を描いていますが、当時の人々がどんな終末観を抱いていたのかがうかがえて、それだけに切実感があります。

「蒙古襲来絵詞」前巻第23～24紙（部分）宮内庁三の丸尚蔵所館蔵

『蒙古襲来絵詞』は、成り立ちがちょっと変わっています。**元寇**《げんこう》に参戦した竹崎季長《すえなが》という肥後国の武士が、自分はこんなふうに戦って、こういう手柄を立てたのだということを画家の土佐長隆《ながたか》に描かせたものなのです。それだけに、リアルタイムで蒙古襲来の合戦の様子や日本の武士の戦いぶりがわかる感じで、絵画としての価値もさることながら、当時を知る史料としても貴重なものです。

『平治物語絵詞』なども同様ですが、戦争の中の人間を描くことが文化になるとともに、戦っている人間も表現を必要としていたのです。精神的な必要性というより自己確認や歴史の再認識のためです。このことは芸術や文化が政治や経済と無関係でつくられているわけではないということを如実に示しています。日本の文化は常に人間の生きる中で必然的に出てきたものなのです。つまり、人間と一体化しています。それが日本の文化史を豊かなものにしている理由であると私は考えています。

このようにして、動勢のある芸術が次々と生まれた活気のある日本のバロック時代は、西洋が十七世紀に同じ動勢のある、装飾的なバロック様式に先行すること四百年前に花開きました。日本の芸術の先駆性がわかるというものです。

◉世界史の中に、日本を堂々と登場させた蒙古襲来

十三世紀のはじめ、モンゴル高原にチンギス・ハンが帝国を築き、領土を広げ、アジアだけでなく、ヨーロッパの一部にまで進出していきました。五代皇帝フビライ・ハンの時代に、国号を元と改め、都を大都（現在の北京）に定めました。そして日本をその配下に置こうと、属国の高麗を使者として立てて迫りました。朝廷と執権・北条時宗はこれを拒否したため、高麗兵を含む約三万の兵を引き連れた元軍が、文永十一（一二七四）年、対馬《つしま》、壱岐《いき》に押し寄せ、さらに北九州に上陸しました。これに対し、九州各地から集まった御家人たちは勇敢に立ち向かい、敵軍を退却させたのです。折からの暴風雨も味方しま

した。そして再度、弘安四（一二八一）年に十四万の大軍を率いて北九州を襲ってきたときも、約二カ月の戦いの後、元軍はまた暴風雨に遭って、引き揚げざるを得なかったのです。こうして日本は元軍の侵略を防ぐことができたのです。二度の元との戦いは、元寇といいます。

この元軍が、西方では連戦連勝で、現在のポーランドやハンガリー、トルコ、イスラエルまで進軍しています。世界中から恐れられていた元軍を東方の日本が打ち破ったことは、たとえ暴風雨が味方をしたとはいえ、大変重要なことです。このモンゴルが、初めて世界の東西をつなげ、世界史をつくり出したとよくいわれますが、日本がこの機会に世界史の中に堂々と登場したといってよいでしょう。あの『蒙古襲来絵詞』にあるように、まさに元軍を撃破したのであって、その戦力はすでに世界有数のものであったことが実証されたといってもよいのです。決して明治期の日露戦争で、日本が初めて世界に強い姿を現したのではなく、すでに十三世紀にその姿を世界に示していたのです。マルコ・ポーロが『東方見聞録』で西洋に伝えたジパングの存在は、その反響の一つであったのです。

元との戦いが日本の歴史に与えた影響は非常に大きなものでした。日本は自然の産物に恵まれた国で、本来の戦いを知りません。土地をめぐる武士の間の小競り合いはありましたが、外国との全面的な戦いは経験していませんでした。平安時代は約四百年、後の江戸時代は約二百六十年という長い平和な時代が続きますが、戦争がないことは決して特別ではなく、日本では常態といっていいのです。

元軍が攻めてきたとき、いかに防ぐかという中で団結力が生まれました。この団結力が日本の国家観を非常に強く彩っています。暴風雨によって元軍が退散したというのも、自然を味方にした結果です。さらに、勝利したからといって、元軍を追走して朝鮮を占領するとかモンゴルまで攻めて行くようなことはしませんでした。これは日本の戦争に対する原則です。自己防衛でとどめるのです。

この国土防衛の態度は、自然に対する態度とよく似ています。受け入れて防ぎ、侵害しようとはしないのです。こうした受け身の態度は日本人の生き方の原則になっています。元軍という当時の世界最強の軍隊を撃退する中に日本人のあり方が鮮明に出ています。

しかし、蒙古襲来は国内では経済を混乱させ、武士に対する褒賞が与えられなかったことで幕府の信用が低下しました。鎌倉幕府の支配に陰りが見えてきたのです。

第九章

室町時代——現代に継承される日本文化の誕生

◉西洋史観の「中世」を鎌倉・室町時代にあてはめる愚

どの歴史（日本史）の教科書でもいいので、ページを開いてみてください。鎌倉時代と室町時代は「中世」となっています。どの教科書でもそうです。「中世」とは「近代」になる前の、封建的で粗野な遅れた文化の時代という意味で使われています。平成二十四（二〇一二）年のＮＨＫの大河ドラマ『平清盛』に描かれた世界はいかにもそのような世界です。薄汚れた武士たちが映像化されていました。しかし、これまで述べてきた鎌倉時代も、これから述べる室町時代も、果たしてそういう時代なのでしょうか。

西洋の歴史で「中世」（Middle Age）とは、「古代」ギリシャ・ローマと「近代」に挟まれた「中の時代」のことです。この時代はゲルマン民族の大移動ののち、キリスト教化され、現代の西洋といわれる世界が形成されていった時期でした。この時期を担ったのは古代ギリシャ・ローマの人々とは異なる民族で、宗教も言語も本質的に異なる人々です。だから、西洋の「中世」は古代ギリシャ・ローマが発展したものではなく、そこには明らかな断絶があります。

　そして西洋史学の三分法をもとに、十九世紀にはマルクス主義による歴史観がつくられました。「古代」は「奴隷制」の時代。「中世」は「封建制」で農奴の時代。「近代」は「資本主義」で労働者の時代。そしてそのいずれの時代においても人民は搾取されているという生産様式の矛盾した歴史を説きました。それが「進歩史観」と結びついて、「中世」の「暗黒」史観が生まれたのです。こうした歴史の見方を、現在でも多くの歴史家たちが信じているようですが、そのような搾取の歴史の中からは、これまで語ってきたような、偉大な「文化」は生まれません。強制からは、これほどの大きなモニュメントも生まれようがないのです。「自由」があってこそ、こうした「文化」が生まれ、階級よりも「役割分担」の社会があったからこそ、長い間「社会」が安定してきたのです。統治者はいつの時代でも必要ですし、働く人は決して圧迫されてきたわけではありません。

　しかし、その「文化」においても、西洋の学者たちは自分たちが古代ギリシャ・ローマを受け継いでいると自負しているため、「古代」と「近代」の間に「中世」を挟んで、いかにも西洋「文化」が一貫して継続しているように考えているのです。「ルネッサンス」といわれる時代は、「古代」の「再生＝ルネッサンス」であるとされていますが、実際には「再生」ではありません。

西洋の「中世」は「暗黒」の時代ともいわれます。西洋が古代ギリシャ・ローマの文化を受け継いでいるなら、「暗黒」であるはずがありません。西洋の歴史が「中世」といっている時代は、正確にいうなら、新たな「西洋文化初期時代」(Primitive Age)というべきなのです。いまにつながる西洋文化の世界が形成されたのは、実はこの時代からなのです。

一方では、この時期の文化の様式を「ロマネスク」といっています。これは「ローマ的な」「ローマのような」という意味です。自分たちが古代ギリシャ・ローマの文化を受け継いでいると考えているからですが、それを引き継いでいないことは、この様式が、まったく新しい、キリスト教の文化であることからも明らかです。その形は、まだ素朴であることが誰にでも見て取れます。西洋の「ロマネスク」といわれる時代の文化は、日本では飛鳥時代の「アルカイスム」の文化に匹敵するものなのです。

古代ギリシャ・ローマの文化を受け継いだというか、影響を受けて保存したのは、西洋ではなく「イスラム世界」なのです。「イスラム世界」を介して西洋は「古代」ギリシャ・ローマの文化を知り、その影響が「ルネッサンス」につながっていくのです。

こうした西洋の「進歩史観」を中国史に導入しようとしたのは、西洋史をなまかじりした宮崎市定氏で、そんな史観自体が西洋のつくりものであることを知りませんでした。ましてや日本にまであてはめようとしたのが、明治の歴史家たちだったのです。しかしもともとそんな歴史はなかったのです。

鎌倉時代は政治が貴族から武士に移ったとはいっても、武士はどこかよそからやってきて政治の実権を握ったわけではありません。武士は貴族政治の中から発生したのです。武士と呼ばれる人々は、もともと「清和源氏」、「桓武平氏」といわれるように、みな天皇家、もしくは摂関家出身の人々だったのです。端的にいえば、鎌倉時代の『新古今和歌集』は平安時代の貴族的な『古今和歌集』をさらに洗練させた傾向を備えており、その継続であったのです。

宗教でも法然、親鸞《しんらん》らの鎌倉新仏教は旧仏教をくつがえしたわけではありません。まだ勢力も小さく、旧仏教もまた継続していきました。鎌倉彫刻は天平の古代彫刻を発展させて制作されています。その意味で「ルネッサンス」でもあったのです。

このように「文化」はすべて連続性の上につらなっています。西洋のような断絶はありません。しかし、日本の学者は西洋の歴史区分を鵜呑みにして、鎌倉時代と室町時代を「中世」に当てはめてしまいました。しかし、それは誤りであり、日本文化の独自性を損なうことになりかねません。

◉朝廷のあり方が揺らいだ南北朝時代、変わらなかった大事な原則とは？

室町時代になると、いまの日本の生活に直接つながる文化がはっきりと現れてきます。その意味で「近代」を明治以後とするのは間違いで、日本の新しい時代は室町時代にはじまっていたと私は考えています。そのことを政治、産業、文化から見ていくことにしましょう。

文保《ぶんぽう》二（一三一八）年、大覚寺統の後醍醐天皇が即位されます。後醍醐天皇は鎌倉幕府が天皇の地位を左右する状態を阻止するべく正中《しょうちゅう》の変（一三二四）と元弘《げんこう》の乱（一三三一）と二度の倒幕計画を立てます。しかし、いずれも事前に発覚して失敗に終わり、元弘の乱のあと隠岐島《おきのしま》に配流されます。そして鎌倉幕府に擁立された持明院統の光厳《こうごん》天皇が即位されます。

しかし、後醍醐天皇の討幕運動は止まず、楠木正成や、後醍醐天皇の皇子で天台座主《ざす》から還俗《げんぞく》した護良《もりよし》親王、その護良親王を支援した播磨《はりま》の赤松円心（則村）らが各地で烽火をあげました。さらに幕府側の御家人であった上野《こうずけ》国の新田義貞や、下野《しもつけ》国の足利尊氏といった関東の武士勢力が幕府から朝廷側に寝返ります。

正慶《しょうきょう》二・元弘三（一三三三）年、後醍醐天皇は隠岐島から脱出し、伯耆《ほうき》国で名和長年《なわながとし》に迎えられ、船上山（鳥取県東伯郡）で再び討幕の兵をあげます。足利尊氏は、京都で赤松円心や佐々木道誉《どうよ》、石井末忠らと一緒に六波羅探題を襲撃して滅ぼしました。新田義貞は稲村ケ崎から鎌倉を攻めて北条一族を滅ぼし鎌倉幕府を滅亡させました。

赤松円心や楠木正成に迎えられて京都に帰還した後醍醐天皇は、光厳天皇の即位を廃止し、政権の元号を廃止します。光厳天皇が署名した証書や官位などの人事をすべて無効にし、関白の鷹司冬教《たかつかさふゆのり》を解任しました。

後醍醐天皇は平安時代の醍醐天皇や村上天皇のころのように公家と武家を統一して天皇自らが政治を行う天皇親政を目標として、新しい政治をはじめました。日本の天皇統治時代を再現しようとしたのです。そして関東から東北まで支配力を行き渡らせるために北畠《きたばたけ》顕家《あきいえ》を鎮守府将軍陸奥守に任命して陸奥将軍府を成立させ、足利尊氏の弟の足利直義《ただよし》を鎌倉へ派遣して鎌倉将軍府を成立させました。

鎌倉幕府滅亡の翌年、年号を建武と改めたので、これを**建武の新政**といいます。武家政権が滅び公家政権が復活したという意味で、建武の中興ともいわれます。

後醍醐天皇の臣下であった北畠親房《ちかふさ》が『神皇正統記《じんのうしょうとうき》』を書きました。日本は国も政治もその中心に天皇を必要とするということを書いたものです。少し紹介しましょう。

遠くは日本神話からはじまり、神武天皇から直近の後村上天皇までを論じています。政治は必ず精神的な支柱が必要で、その中心的な役割を天皇が負っていると説き、それが代々続いてきたことを述べています。天皇は「三種の神器」を保持されていますが、神勅《しんちょく》によれば三つの徳（鏡は正直、玉は慈悲、剣は知恵）の本源を表すものであるというのです。これは日本人の道徳の原論であり、現代まで一貫しているといえるでしょう。

しかし、政治は現実的なものです。建武の新政は公家を重んじた急な改革であったため、武家の実力を生かす仕組みには欠けていました。武士への恩賞が少なかったのです。さらに、前に失った領地を取り返そうという動きが出てきたりして混乱を招き、政治への不満が噴き出しました。

新政府の混乱を風刺する二条河原落書というものも現れました。建武の新政による政治・社会の混乱を風刺した文章です。決して権力をおとしめるものではありませんが、人々は世の中の矛盾や軋轢《あつれき》を感じていたのです。

次第に後醍醐天皇の考え方に反抗する動きが出てきました。公家の西園寺公宗《さいおんじきんむね》は鎌倉幕府の第十四代執権北条高時の弟の泰家《やすいえ》とともに持明院統の後伏見法皇を奉じて政権転覆を企てました。同時に後醍醐天皇の暗殺も企てました。それらはいずれも失敗しますが、北条の残党が挙兵する動きが続きました。鎌倉幕府の滅亡後も、北条氏の守護国を中心に各地で反乱が起こりました。これらが鎌倉を占領した足利直義に対して反発していきました。

建武二（一三三五）年七月、信濃国で挙兵した北条時行《ときゆき》が鎌倉を占拠して直義を追い払うという中先代《なかせんだい》の乱が起こりました。足利尊氏は、時行を討伐するために征夷大将軍への任命を後醍醐天皇に求めますが、天皇は拒否します。結局、尊氏は時行の反乱を鎮圧しますが、後醍醐天皇からの帰京命令を拒否してそのまま鎌倉に居座ります。そして、乱の鎮圧に功のあった武士たちに自ら恩賞を与えたり、関東の新田氏の領地を勝手に没収したりしました。

後醍醐天皇は新田義貞に尊氏の討伐を命じますが、新田軍は箱根の竹ノ下の戦いで尊氏軍に敗北します。建武三（一三三六）年一月、足利軍は京都に入ると後醍醐天皇は比叡山に逃れます。奥州から戻った北畠顕家や新田義貞がいったんは足利軍を京都から追い払いますが、赤松円心の進言で一旦九州に引いた足利軍は再び東上します。そして持明院統の光厳上皇の院宣を得て、建武三・延元元（一三三六）年五月、湊川《みなとがわ》の戦いで後醍醐天皇の側についた楠木正成を撃破し、入京します。

このように武士たちの不満を汲み取った足利尊氏が幕府を再興しようと兵を挙げたため、建武の新政、建武の中興の動きはわずか二年で瓦解してしまいました。

この一連の動きの中で最も重要なのは、足利尊氏が寝返ったということではありません。権威であるべき天皇が権力を用いて武士たちを動かそうとし、それがすべて裏目に出たということです。

本来であれば、後醍醐天皇に幕府を討つという意思があったとしても、その実行は武士たちに任せるべきでした。ところが、後醍醐天皇は自ら親政を行おうとしたため、部下から背反されたのです。確かに天平から平安中期にかけて天皇が政治を執り行うことがありましたが、平安の後半から鎌倉時代にかけてはすでに天皇は権威という立場で安定していました。後醍醐天皇はそれを覆すことをした結果、天皇の権威を失墜させる結果となってしまったのです。

尊氏は京都に幕府を開いて武家政治再興の方針を打ち出し、建武式目を定めました。しかし、日本の政治の中心には天皇の権威が必要です。そのために尊氏は新しい天皇を立てざるを得ませんでした。

一方の後醍醐天皇はその後、尊氏と和解して、新しい天皇になった光明天皇に「三種の神器」を渡しました。しかし、すぐに京都を脱出して吉野（奈良県）へ逃れ、光明天皇に渡した「三種の神器」は偽物であるといい、自分が正統であると宣言しました。ここに二つの朝廷が並び立つ状態が生まれました。吉野方を南朝、京都方を北朝といいます。南朝は全国の武士に呼びかけて京都方と対立し、この争いは約六十年間続くことになりました。この時代を**南北朝時代**と呼んでいます。

暦応《りゃくおう》元・延元三（一三三八）年、**足利尊氏**は北朝の天皇から征夷大将軍に任じられました。北朝によって承認されることで、幕府には正統性があるとしたのです。これ以後、天正元（一五七三）年に足利義昭が織田信長によって京都から追放されるまでの二百三十五年間、足利氏が十五代にわたって将軍職を務めます。これが室町時代です。

いま述べたように幕府が開かれて最初の六十年間は南北朝時代でした。また、応仁元（一四六七）年から応仁の乱が約十一年続き、そのあとは戦国時代に入ります。これらを見ても室町時代が不安定な時代であったことがわかります。

確かに室町時代は日本の政治経済にとって大きな変動の時期でした。その半面、日本の豊かさを国際的な場で確立していった時代でもありました。

尊氏は全国の武士をまとめるため、地方の守護に荘園や公領の年貢の半分を取り立てる権限を与えました。守護はこれを利用して荘園や公領を自分の領地にし、地元の武士を家来にしていきます。やがては国司も吸収していきます。こうして、それぞれの国を支配する**守護大名**が成長していきました。

三代将軍、足利義満のころになると、南朝の勢いが衰えていき、明徳《めいとく》三（一三九二）年、南北朝の合一が実現して争いは収まりました。

足利氏の幕府は、義満が京都の室町に「花の御所」と呼ばれる豪華な邸宅を建て、そこで政治を行ったので、**室町幕府**と呼ばれるようになりました。

義満は将軍として初めて、天皇から太政大臣に任命されました。天皇の権威を背景にその正統性を確立して地方の有力な守護大名を抑え、幕府の支配を安定させようとしたのです。さらに朝廷がもっている京都の統治や税の一部を移し、全国的な統一を図りました。

この時期は二つの朝廷が並び立ったりして、朝廷のあり方が揺らぎました。しかし、天皇から任命されて将軍がその地位につくという原則は変わりませんでした。このことは注目すべきことです。天皇の権威があって初めて政治が安定する。これが日本という国のあり方なのです。その点は律令時代以後、一貫して変わらなかったのです。

室町幕府の仕組みは、ほぼ鎌倉幕府にならったものでした。異なるのは、将軍の補佐として執権ではなく、管領《かんれい》を置いたことです。管領には足利一族の有力な守護大名がつきました。

また、関東地方を治めるために、鎌倉府が置かれました。鎌倉府は武家政権発祥の地として重きを置かれ、半ば独立的な大きな権限をもっていました。そのために、しだいに京都の幕府と対立するようになっていきます。

◉茶の湯、能楽、水墨画——現代へと継承される文化がはじまる

室町時代は朝廷と幕府が京都にあったので、貴族文化と武家文化が混じりあいました。勘合貿易で入ってくる道教的な中国文化。興隆する禅宗の影響。これらが重なりあって、五山文化といわれるような新しい文化が起こったのです。

三代将軍足利義満を中心とした時期の文化は**北山文化**と呼ばれます。義満が京都の北山に建てた金閣は、さまざまな文化が融合したこの時代の特徴をよく表しています。

能舞台（演者：観世清和／撮影：前島吉裕／写真：観世文庫）

義満は新しい演劇の創造にも貢献しました。観阿弥《かんあみ》、世阿弥《ぜあみ》の父子を保護し、二人は平安時代からの民間の娯楽であった猿楽、田楽を**能楽**に大成しました。能や、能の合間に演じられる軽妙な台詞《せりふ》劇の**狂言**は、武士や庶民の間で人気となりました。

能は日本文化の演劇的表現において最高の一つといって過言ではありません。能に日本的な表現の極北があると思われるのは、御霊信仰や自然信仰と仮面劇がうまく折り合って表現されている点です。こうした表現は中国にも朝鮮にもありません。この時代の美術や文芸は中国文化の影響を強く受けますが、能の中には日本の伝統と文化そのものが出てきます。日本独自の表現力というものが能の中で開花しているのです。

八代将軍義政は東山に銀閣を建てました。このころになると、わび・さびと呼ばれる簡素で気品のある文化が生まれ、好まれるようになります。銀閣はこの傾向を体現したものです。これを**東山文化**といいます。

この時期は現代にそのままつながる日本人の文化、「和」といわれる文化がはっきりと出てきた時期でもあります。その代表例は、建築における**書院造**の発達でしょう。畳、床の間、違い棚など、和室の要素が整ってきます。これにともなって、生け花や茶の湯が生まれたのもこのころです。

半面、廃れたというか、後退したものもあります。仏教芸術です。つくられなかったわけではありません。つくられることはつくられました。しかし、精神的な表現が力強さを失ったのです。それはこの時期、一般庶民が力をつけ、活躍の場を増やすにつれ、物質的な幸福が求められるようになったことと無関係ではないでしょう。心を優先する姿勢を失い、それが仏教美術に反映されたのです。

もちろん、この傾向をなんとか食い止めようとする動きがなかったわけではありません。禅の芸術がそれです。禅宗寺院では石組みや砂といった無機質な素材で深い境地を表現しようとする枯山水《かれさんすい》の庭園がつくられました。

この時代、中国文化に対する理想化がありました。絵画では宋や元に学んで、水墨画が描かれました。水墨画は色彩を否定し、墨一色で表現する絵画です。気迫がないと成り立ちません。

若いころから相国寺で禅を学んだ禅僧の雪舟は明に渡って水墨画の技法を学び、帰国後、山口で筆をふるいました。『山水長巻』や『秋冬山水図』は力作です。雪舟は日本の山水画を確立したといえます。しかし、たった二年間の留学では山水画の本質を体得したとはいえないことも確かです。中国憧憬のロマンチシズムの世界を超えられなかった面があることも認めなければなりません。

中国の山水画は掛け軸の縦長の画面の中に風景を描きます。彼らの描く山水画は三遠法といって高遠・平遠・深遠という三つの空間の見方を同時に絵の中にこめることによって成り立ちます。ところが、日本の山水画画家たちは、雪舟も含め、この三遠法という描き方が現実の風景と異なる世界を描いていることを見てとれませんでした。

中国文化のベースにある道教は厳しい自然を理想化しようとします。中国の風土は日本と違って非常に自然が過酷です。砂漠や高く嶮《けわ》しい山岳があり、非常に広い平野がある一方で洪水も頻繁に起こります。日本では自然に依存し自然と調和しようとしますが、中国では自然が人間と対立する形で捉えられます。その中で知識人たちは道教という形で自然を理想化したのです。道教は自然道ではありません。彼らの描く自然は想像で考える自然です。だから、山水を理想化して描いたのです。それが表現力の強さにもなるのですが、それを雪舟は見抜けませんでした。

その後、山水画に大和絵の技法を取り入れた狩野派が画壇に君臨することになります。

この時代で注目されるのは、集団で楽しむ文化が起こったことです。武家も貴族も一般庶民も寄り集まって楽しみました。能狂言がそうです。茶の湯がそうです。中でもおもしろいのは和歌です。和歌の上の句と下の句を別の人がつくり、つないでいく連歌が流行しました。村の寄合などでも連歌が盛んに行われたといいます。文芸を遊技化して社交として楽しむなど、世界に例のないことです。日本人の文化的資質の高さでしょう。

御伽草子という絵本もつくられました。「一寸法師」や「浦島太郎」などの物語が人々の人気を博し、広まりました。

文化は支配層など一部の者だけのものではなくなったのです。

将軍の政治的力は弱く、管領や守護大名の間でいざこざが絶えませんでしたから、それを逃れて地方に行った公家や僧によって、文化が地方に広まったのも、この時代の特色です。

雪舟のいた大内氏の山口など、各地に城下町ができて栄え、栃木の足利には足利学校がつくられて学問の中心になりました。各地の寺院では武家や庶民の子供の教育も行われるようになりました。

地方や庶民への文化の広がりによって、今日にも通じる衣食住などの生活習慣が生まれました。村祭りや盆踊りなどの年中行事、一日三食の習慣、味噌、醬油の使用など、すべて室町時代からはじまったのです。

また、さまざまな技術が開発され、産業が発達しました。特に二毛作が各地に広まって、米の増産がはじまりました。牛馬糞を使用した肥料ができたり、水車が利用されるようにもなりました。麻や桑、お茶などの栽培もはじまりました。各農村には惣《そう》という自治的組織がつくられ、寄合を開いて掟が決められるようになりました。

近代的な生活がはじまっていたといってよいでしょう。「近代」は明治以降のものではないのです。

◉「もののあわれ」の根底にあるルネッサンスの人間主義

日本文化を語る言葉としてよく使われるものに「**もののあわれ**」「**わび・さび**」があります。

「もののあわれ」は『万葉集』『古今和歌集』から『源氏物語』を含めて、人間の感情や感受性を基本にした創造性の根拠を、本居宣長が見つけ出した言葉として語られ、日本文化の特質とされています。しかし、「もののあわれ」という言葉自体が一面的であるために、これだけを日本文化と思ってしまうのは誤解を招くと私は思います。

ヨーロッパの文化では、人間主義というとき、人間の人生における行為、意志、その強さといったものが前面に打ち出されます。ルネッサンスが人間主義、ヒューマニズムの発露であるととらえられるのは、まさにその意味においてなのです。

「もののあわれ」という言葉は、そういう人間の行動、意志、そのエネルギーの強さを片隅に追いやってしまいます。では、日本文化にはそういうものがないのかといえば、そんなことはありません。人間の行動や意志が十全に発揮されるからこそ生ずるのが「もののあわれ」です。

「もののあわれ」が強く感じられるのは、その裏側に強烈な人間の行動、意志のエネルギーがあるからこそなのです。そしてそれは、西洋の人間主義と変わりはありません。ただ、日本人は人間主義を露わに打ち出すようなことは好みません。人間主義を「もののあわれ」という言葉のあやで表現し、打ち出していく。そういう好みが日本人にあることは確かだといえるでしょう。

「わび・さび」も同じです。

「わび・さび」を典型的に表すものとして次の和歌がよく引用されます。

「見渡せば　花も紅葉も　なかりけり　浦の苫屋《とまや》の　秋の夕暮れ」

花も紅葉もない秋の夕暮れ。そういった何もないところのよさを感じるのが「わぶ」「さびる」であるといわれます。しかし、それを丸ごと日本文化の特質ととらえるのは皮相的で、正鵠《せいこく》を射たものとはいえません。

花も紅葉もないというのは、花を見、紅葉を見る目の輝きがあって成り立つものなのです。花を見、紅葉を見るエネルギーがあって、浦の苫屋の秋の夕暮れの寂しさが浮き立ってくるのです。「わび・さび」を感じとるには、西洋とまったく同じ人間主義がなくてはかなわぬことなのです。

茶道でも「わび・さび」をいいます。千利休が茶道を確立したとき、茶碗に対して「わび・さび」という美学用語が使われました。これが禅の文化につながるものであることが語られました。しかし、「わび・さび」を日本人の美意識を表す用語として成り立たせるには、その背後にある大きな文化——神道文化や仏教文化を踏まえなくてはなりません。そして、神道文化や仏教文化がまさに人間主義の熱い塊であること、それが仏像を綿々と創造してきた日本人の中にあることを思い浮かべなければなりません。それは葛飾北斎に至るまでの絵画の世界にも脈々と生きてきたものです。人間の行動と意志、そのエネルギーが根底にあってこそ、この文化は成り立つのです。

「もののあわれ」や「わび・さび」はその背後の強烈な人間主義の表出を日本人好みの言葉のあやで表したもので、それは西洋の人間主義とほぼ同じものなのです。宗教の違いによる、図像の違いだけなのです。日本文化の基底として、人間主義をはっきりとらえなくてはなりません。

ところが、「もののあわれ」や「わび・さび」は西洋にはなくて、日本に特有の美意識だという考え方が横行しています。それは明治以後、文化は西洋のものである、あるいは日本文化の起源は中国にある、日本は中国に学んで文化を発展させたといった考え方が広がったことと軌を一にしています。そこでは「もののあわれ」や「わび・さび」を美意識の面での日本文化の本質ととらえ、西洋文化を補完する位置にとどめています。

しかし、これほど日本文化を狭く規定し、矮小化している考え方はありません。「もののあわれ」や「わび・さび」の根底にあるもの、強烈な人間主義を日本文化の基底としてとらえなくてはなりません。そして、そのことを言挙げしていくのが、いまを生きている日本人の責務でなくてはならないのです。

◉応仁の乱から生まれた戦国大名がつくり上げた新たな社会

室町幕府の足利将軍は、もともと領地や武力では守護大名とそれほど差がなく、足場は弱いものがありました。天皇によって任じられたという権威だけが最大の拠り所だったといえます。

義満が没すると守護大名の力が強まり、中でも管領の細川氏と守護大名の山名氏が幕府の実権をめぐって対立するようになりました。応仁元（一四六七）年、将軍の世継ぎ問題と管領家の畠山《はたけやま》氏、斯波《しば》氏の家督争いがきっかけとなり、ついに戦乱が起こりました。これを**応仁の乱**と呼んでいます。

全国の武士が細川の東軍と山名の西軍に分かれ、主に京都を戦場にして十一年間も戦いが続きました。このため都は荒れはて、大半が焼け野原になってしまいました。

混乱に乗じ、身分の下の者が実力で上の者に勝つ風潮も生まれました。これを**下剋上**《げこくじょう》といっています。日本の歴史の中では珍しい時代です。

下剋上というと、家臣が主君を追放・殺害して自らが主君の座を奪い取ったと思いがちです。しかし実際は、主君が家臣の意見を聞かなかったり、戦争で死んでしまったというような場合に、家臣が主君になり代わるケースが多かったようです。戦乱の世では主君の判断ミスがそのまま国の衰亡につながります。その意味で、主君は絶対的な存在ではなく、主君と家臣団は運命共同体でもあったわけです。力のない主君を追いやるのは、国を守るためには当然の行動だったのです。

また、主君を追いやったとしても、家臣がそのまま主君になるより、主君の一族から次の主君を擁立する場合が多かったのです。たとえば周防国《すおう》では家臣の陶晴賢《すえはるかた》が主君の大内義隆を追放しましたが、次の主君になったのは大内一族の大内義長でした。将軍家でも、赤松満祐《みつすけ》が第六代将軍足利義教《よしのり》を暗殺し、細川政元が第十代将軍足利義材《よしき》（義稙《よしたね》）を廃立し、三好義継《みよしよしつぐ》・長逸《ながゆき》らが第十三代将軍足利義輝を殺害するという事件が起こりましたが、いずれも次の将軍は足利家から選んでいます。下剋上といっても、下の者が自ら主となるために上の者を討伐するという単純な構図ではなかったということは知っておくべきでしょう。

中には、守護大名の支配をはねのけ、武士と農民が一体となって自分たちで統治をするところも出てきました。山城国（京都府）がそうです。加賀国では一向宗の信徒が一揆を起こし、百年近く一帯を治めました。

幕府に頼らず、独力で一国支配を行う**戦国大名**も現れました。戦国大名というと、戦争ばかりしているように思われるかもしれません。でも、そうではないのです。領国を豊かにしないと戦《いくさ》はできません。戦国大名は荘園や公領を自分の領地として支配権を握ると、大規模な治水事業を起こし、耕地を広める努力をしました。鉱山の開発や商工業の保護、交通の整備などにも力を注ぎました。守りの堅い山や丘に城を築き、ふもとには屋敷を構えて周辺に家臣団や商工業者を住まわせ、城下町を形成していきます。城下町は領国の政治、経済、文化の中心になります。

主な戦国大名には相模（神奈川県）の北条氏、越前（福井県）の朝倉氏、駿河《するが》（静岡県）から三河（愛知県東部）を支配した今川氏、越後（新潟県）の上杉氏、甲斐《かい》（山梨県）の武田氏、安芸《あき》（広島県）をはじめ中国地方一帯から九州、四国にまで勢力を及ぼした毛利氏などがいます。

彼らは新しい社会の基礎をつくったのです。

やがて力を蓄えた戦国大名の中から、京都にのぼって天皇の権威と結びつき、武家最高の地位である将軍の座を奪って、天下を統一しようとする者が現れることになります。

室町幕府の衰えとともに、日明貿易は堺の商人と結んだ細川氏と博多の商人と結んだ大内氏の手に移ります。勘合貿易も再開され、大内氏が独占しましたが、それも十六世紀中ごろには停止されました。**倭寇**は息を吹き返して活発になったり、そうかと思うと下火になったりという具合でしたが、まったく姿を消してしまうことはなく、正式な日明貿易も途切れることなく続いていきました。

朝鮮半島では十四世紀末に高麗が倒れ、**朝鮮国**（李氏朝鮮）が建国されました。ここで初めて朝鮮という名の国ができたのです。

　朝鮮も明と同じく倭寇に悩まされていて、日本にその取り締まりと正式な通交を求めてきました。幕府はこれに応じ、貿易は盛んになる方向に進むかに見えましたが、一向に収まらない倭寇に業を煮やしたのでしょう。十五世紀初め、朝鮮は二百隻の船と一万七千人の兵を繰り出して対馬を襲う事件を起こしました（応永の外寇）。このために日朝間の貿易は中断の状態になりましたが、朝鮮は対馬の宗氏と条約を結び、宗氏を介さない通交は認めないこととし、貿易も軌道に乗るかに見えました。しかし、十六世紀の初め、明の港に定住していた日本人が役人の扱いに反発して暴動を起こし、鎮圧される事件が起こりました（寧波《ニンポー》の乱）。その後、朝鮮との貿易はふるわなくなっていったといいます。

　沖縄では十五世紀前半、尚《しょう》氏が三つの勢力を統一して琉球王国をつくり上げました。首里を都として日本や明と貿易を結び、遠く東南アジアへも船を出し、中継貿易を行って栄えました。

［コラム］国家の最小単位として機能していた惣村

すでに鎌倉時代の後半から百姓たちは惣村《そうそん》という自治的な地縁共同体を組織して、水資源の配分や水路・道路の修復、境界の争い、盗賊などからの自衛などを行っていました。他の村との紛争解決や盗賊に対する自衛などにも惣村があたりました。これは百姓たちが生活を円滑に行うために必要なものだったのです。

三内丸山遺跡から四百から六百人くらいの人たちが暮らしていたと考えられる村落の跡が見つかり、それが江戸時代の一つの村落の人口と同じであることを先に述べました。これは一つの惣村の単位でもありました。そのくらいの規模が自立した地域生活を送るにはふさわしかったのです。

日本は自然が近くにあります。水も、魚も、木の実もあります。特に栗があれば、米がなくても生きていけました。そういう生活を支えてくれる自然の存在が日本人に自信をもたせたのです。自然によって「お金がなくても生活はできる」という生活の基本を与えられたために、日本人は穏やかなのです。常に外から食べ物を略奪しなくては生きていけないということになると生活の不安が生まれますが、日本人にはそれがありませんでした。

日本人の生活上の安定感はここから生まれています。それも共同体があって初めて可能になるのです。その共同体が集落あるいは村落、そして惣村というものでした。

惣村の有力者の中には守護や国司らと主従関係を結んだり、軍役を担って武士となる地侍も現れました。惣村が最盛期を迎えたのは室町時代の中期といわれます。応仁の乱などの戦乱に対応するために、自治能力が高まったのです。

惣村の構成員は大きく乙名《おとな》と沙汰人と若衆に分けられます。乙名は惣村の中でも年齢・経験が上の長老たちから構成されました。いまは大人と書いて「おとな」と読みますが、大きい人とは長老を指したのです。この乙名が村の指導者となりました。

乙名は選挙で選ばれていました。これが日本の民主主義の一つの原点です。乙名は複数選ばれ、村落の代表として祭祀を執り行い、年貢や課役の徴収、用水の統制などの問題解決にあたりました。

沙汰人は、荘園領主や荘官（荘園管理者）を代理して、上からの命令や判決を現地で執行しました。つまり、外からの土地支配に対して惣村との間をとりもつ役目を果たしていました。そのため、荘園公領制が弱体化し惣村が発達すると惣村の指導者に横滑りする者もいました。また、沙汰人の地位は世襲制でした。

若衆は、警察・自衛・消防・普請《ふしん》・耕作など、惣村の実労働を担う人たちです。当初、惣村の構成員は乙名のみでしたが、時代とともに一般の百姓（地下人《じげにん》）が経済的に自立し、惣村の構成員に加わるようになりました。百姓というと農民のことだと思っている方も多いのですが、百の姓という言葉の通り、さまざまな職業の人たちを百姓と呼んでいました。

惣村の構成員が出席する会議を寄合といいました。寄合でさまざまな決定をしていくわけです。惣村の結束を固めるための惣掟という独自な規約もありました。惣掟に違反した者は惣村から追放されたり、財産を没収されたり、罰が与えられました。死刑にされる者もいたといいます。

惣村は連帯と平等で成り立っています。常に同じ環境の中で争いなく生活していくために、連帯と平等の意識は欠かせません。だから、それを破る者に対しては厳しい裁断が下ったのです。

時代が下ると惣村は荘園領主や地頭などと年貢を通じて結びつきました。惣村が年貢を領主や地頭に一括して納入する役目を請け負うようになったのです。これを地下請《じげうけ》といいました。地下請は、領主側の惣村に対する信頼と、惣村の領主側に対する責任によって成立していました。年貢というと搾り取られるとか徴収されるという印象が強いのですが、むしろ土地を開拓・管理し、貸与してくれている荘園領主や地頭に報酬を支払うという感覚だったようです。生産に必要な森・林・山などが利用できることに対して、土地所有者に感謝する意味も年貢にはあったわけです。

多くの歴史の本には、室町時代以降、団結した農民が年貢の軽減などを求めて荘園領主に集団で反抗するようになり、一揆がはじまったと書かれています。

惣村による土一揆は室町中期にあたる十五世紀前半にはじまり、次第に多発するようになりました。戦乱の世を迎え、惣村の自治意識は高まっていました。しかし、一揆というものはまとまって何らかの要求をするときに結成されるものです。反抗運動というよりも、自分たちの惣村を守るために正当な要求を掲げて連帯し、団結したということです。一揆というと「筵旗《むしろばた》を立てて鍬《くわ》や鋤《すき》を持って」というイメージがつくられてきましたが、決して上からの抑圧に対して民衆が立ち上がって戦ったということではないのです。

桃山時代に豊臣秀吉が惣無事令《そうぶじれい》という不思議な法令を出しました。これは大名間の私的な領主紛争を禁ずる法令ですが、同時に惣村を壊さないようにという意味合いをもっていました。惣村を守るために豊臣政権が最高処理機関として大名間の紛争の処理にあたるといっているのです。これに違反する大名には厳しい処分が下されました。

惣村は国家を細分化していった一つの単位であり原型です。家が集まって惣村が生まれ、その村が集まって藩をつくり、最終的に国家になるわけです。日本の民主主義は村落形態の中の人々の生き方、考え方につながっていくのです。その意味で惣村は日本人の共同体の原型であり、それが日本人の精神的な連帯感、経済の協力性、そして社会の安定に結びついています。

そんな惣村が国によって守られたところから日本の平和がつくられていったのです。豊臣政権は短命に終わりましたが、少なくとも地方の惣村の意義をよく理解していました。

第十章

戦国・安土桃山時代
——西洋文明との邂逅

◉時代を大きく動かした、ポルトガル人がもち込んだ鉄砲

天文《てんぶん》十二（一五四三）年、ポルトガル人を乗せた船が種子島に漂着しました。西洋人が日本にやってきたのです。当時、西洋は**大航海時代**に入っていました。これは西洋人から見れば大航海でしょうが、アジアから見れば西洋人による侵略の時代です。

西洋ではイベリア半島からイスラム勢力を追い出し（レコンキスタ）、スペインとポルトガルは競争して東洋に向かっていました。その目的は二つです。一つは東洋にキリスト教を布教し、それを足がかりに植民地にすることであり、もう一つは東洋から香辛料などの産物をもってくることです。地中海はイスラム勢力に押さえられていたので、彼らはアフリカの西海岸に沿って南下し、インド洋を回る航路を発見しました。中にはスペインのコロンブスのように大西洋に乗り出し、アメリカにたどり着く者もいました。いずれも目指したのは東洋です。

マルコ・ポーロの『東方見聞録』によって、アジアにジパングという黄金の国があるという情報が伝わっていました。その黄金の国の金銀財宝を求めてコロンブスも船を出した

のです。

コロンブスが出航したのと同時期にレコンキスタが終わっています。そのあと、イスラムと共存していたユダヤ人がイベリア半島から追放されました。コロンブスはイタリアのジェノバ出身のユダヤ人です。つまり、コロンブスの航海には、彼がスペインから追放されたという裏の意味もありました。それが結果的にアメリカ大陸の発見につながったため、その成果が強調されますが、追放されたから行かざるを得なかったというのが歴史の裏側にある事実です。

いずれにしても、コロンブスの大きな目的は日本の金銀であり、アメリカ大陸の発見はついでだったのです。

一四九四年、スペインとポルトガルは勝手にトルデシリャス条約というのを結んでいました。これはスペインとポルトガルが世界を二分して支配し、お互いの領土権を認めあうという、東洋から見ればとんでもない条約です。

この条約で日本はポルトガルの側にくり込まれていました。だから最初に、ポルトガル人がやってきたというわけです。

種子島に漂着したポルトガル人は日本に**鉄砲**をもたらしました。日本人は彼らの脅威が、ここにあることをすぐ見抜きました。日本人はたちまちこの技術をマスターし、鉄砲を生産します。当時、日本は世界最大の鉄砲生産国になったほどです。このことは、この時代を動かす大きな要因になりました。

天文十八（一五四九）年、イエズス会宣教師、**ザビエル**が日本にやってきました。このイエズス会というのは布教意欲旺盛なキリスト教の一派で、祭壇には銃を置いているという布教軍団です。ザビエルは、鉄砲をもたらしたポルトガル人のように偶然漂着したのではなく、日本を目指してやってきたのです。

すでに日本は十三世紀には元寇で大陸の勢力と激しい戦いを二度繰り返しています。その前には刀伊《とい》の入寇という事件もありました。しかし、今回は布教という形で西洋人がやってきました。これはいままでとは少し色彩が違います。これにどう向き合うかが大きな問題となりました。

日本に上陸したザビエルは、これまで布教してきたところと違って、日本にはすでに高い文化があるのに驚きました。キリスト教で説得するのは容易ではないとも感じました。

キリスト教では絶対的な神がすべてをつくったとしています。日本人は大日如来と同じものとして理解しようとしました。大日如来は太陽神のようなもので、宇宙の中心とするのが密教の考えです。しかし、キリスト教は太陽さえ神がつくったと考えるのです。日本の神道の考え方は、『古事記』でもわかるように、神々は絶対的な創造者ではなく、宇宙はもともとあったとしています。自然がもともとあったのです。

日本人はキリストの磔刑《たっけい》像を見て驚きました。こうして無残に殺されるキリストの姿を理解できなかったのです。人間の原罪ということも理解できませんでした。自然から生まれた人間はもともと罪の存在ではないはずで、神を裏切って原罪を感じるアダムとエヴァの行為が何かわかりませんでした。キリストがその原罪を背負って磔《はりつけ》になること自体、西洋人の特有な考え方で、日本人には相容れないものでした。実際、日本には十字架像やキリスト、マリアの像は残っているものの、磔刑像そのものはみなヨーロッパ製です。

この考え方の相違は、実に大きなものがあったと私は思っています。その後、キリスト教はある程度の広がりを見せますが、結局日本での布教は成功しませんでした。それは豊臣秀吉や徳川家康の禁圧政策のためだとされています。もちろん、それも大きかったと思います。しかし、それ以上に大きかったのは、いや、決定的だったのは、根本にあった考え方の相違だったといえると思います。神仏習合の日本の宗教——やまとごころが根づいていたのです。

日本が西洋に接触した影響で大きかったのは、むしろ物質的な面でした。

彼らは南からやって来たので、日本人は**南蛮人**と呼び、**南蛮貿易**を行いました。火薬、時計、ガラス製品などを輸入し、日本からは銀を輸出しました。いまではちょっと考えられないことですが、当時の日本は銀がたくさん採れ、金と銀の資源大国だったのです。世界遺産になっている石見銀山《いわみぎんざん》は、当時の世界地図にもその位置が記されているほどです。

南蛮貿易を行う大名たちはキリスト教を保護し、自ら入信する者もいました。南蛮貿易を有利に運ぶためです。キリシタン大名の大村氏は長崎を開港し、イエズス会に土地を寄進したほどです。

布教は長崎ばかりでなく、山口や京都でも行われ、南蛮寺といわれた教会が建てられました。天正十（一五八二）年には九州の三人のキリシタン大名がイエズス会の支援を受けて、四人の少年をローマ教皇のもとに派遣しました。彼らはローマで大歓迎を受けました。しかし、天正十八（一五九〇）年に帰国した後は、ほとんど日本で布教ができませんでした。すでに豊臣秀吉は天正十五（一五八七）年にキリスト教を禁止していたからです。

織田信長亡きあと、豊臣秀吉は当初その政策を引き継ぎ、キリスト教に寛容な姿勢を見せていました。しかし、イエズス会が長崎で土地を奪い、神社仏閣を燃やし、日本人を奴隷として売買していると聞き、強い不快感を覚えたのです。その結果、天正十五年にバテレン追放令を発し、宣教師の退去を命じました。それ以後、秀吉はキリスト教が日本の神の体系に合わないとはっきりいうようになりました。これはイエズス会の意図が日本の侵略にあると秀吉が確信したからでしょう。

秀吉は天正二十（一五九二）年と慶長二（一五九七）年の二度にわたって朝鮮半島に侵攻しました。秀吉が海外進出を試みたことを、無謀な侵略行動であったという説がありますす。しかしそれは、この時代の日本を西洋からの侵略の危機から回避させるものであったという見方もできるのです。十五万もの兵を各大名から供出させるには絶対的な大義が必要です。その大義となったのが、アジアをスペイン・ポルトガルの侵略から守ることだったと考えられるのです。

すでにフィリピンは一五二一年のマゼランの来航以来、スペインの支配下に入り、フェリペ二世の名をとった植民地国として占領されているという情報は、日本にも入っていました。秀吉はこのフィリピンや台湾に対して服属を求める手紙を出していたのです。日本が立ち上がらなければ、東洋の隣国はすべて占領されてしまうと考えたからです。しかし、現実的にはフィリピンまで船を送ることは不可能です。そこで対馬から朝鮮半島に渡り、陸路を行くことを考えたのでしょう。

明への出兵の企ては、日本が東洋の盟主であるという認識の上に立っていたものでした。なぜならスペインの進攻はさしせまったものでした。明がまさにフィリピン化することを防ぐ大きな計画であったのです。もし日本がその圧倒的な鉄砲の技術を使って防御すれば、フィリピンのような植民地になることはないだろうと考えたのです。

秀吉はまず朝鮮に服属と明への出兵の道案内を求め、それが断られると朝鮮を攻めました。天正二十（一五九二）年には十五万人の大軍を送り、首都漢城を落としました。しかし朝鮮水軍や明の援軍によって戦いは不利となり、ひとまず明との講和を結びました（**文禄の役**）。明との交渉はまとまらなかったので、もう一度、慶長二（一五九七）年に朝鮮に十四万人余りの大軍を送りました（**慶長の役**）。朝鮮への出兵は、スペインの侵略に対抗することがその大本の動機としてあったのです。しかし、スペインの植民地化を回避すべきであるという認識を、朝鮮と明とは共有することができなかったのです。翌年秀吉の死により、その意図を継ごうとするものもなく、撤兵せざるを得なくなりました。

◉合理性に富んだ秀吉の太閤検地と刀狩

尾張《おわり》（愛知県西部）の織田信長が戦国大名の中で頭角を現したのは、西洋からもたらされた鉄砲を巧みに利用したからでした。

永禄三（一五六〇）年、信長は三河（静岡県）の今川義元を桶狭間《おけはざま》の戦いで破って一躍時代の表舞台に躍り出て、勢いを伸ばしました。永禄十（一五六七）年、京都にのぼって足利義昭を将軍に立て、全国統一に乗り出します。しかし、天正元（一五七三）年にはその義昭を京都から追い出し、室町幕府を滅ぼしてしまいました。

さらに信長は敵対する大名と結んだ比叡山延暦寺を全山焼き討ちにし、浄土真宗の教えをもとに武装して抵抗する一向一揆と激しく戦い、屈服させます。政治に介入する仏教勢力への攻撃は容赦のないものでした。

その一方で、キリスト教の宣教師は受け入れていました。それは彼自身、キリスト教徒になるというのではなく、彼らの世界を知ろうとする政治的な意味合いをもっていたと考えられます。また天下統一の意欲も、その対外的な意味合いで必須に思われたのです。

織田信長が天下統一を急いだ背景には日本が危機に瀕しているという認識があったと私は考えます。また、信長を担いだ人々にもそれはわかっていたと思います。西洋人の日本侵略を防ぐために、日本人の総意として強力な将軍を立ててまとまらなくてはならないという意識があったわけです。強力な外敵から日本を防御するために、信長という強力なリーダーを求めたのです。

戦国時代に来日し、信長とも会見したイエズス会の宣教師ルイス・フロイスは『日本史』という本の著者として知られていますが、この人は日本の情報を逐一イエズス会本部に伝えています。その情報をもとにしてイエズス会本部では、いかに日本をアメリカやフィリピンのように侵略・支配するかが話し合われていました。

織田信長が宣教師に好意を示した裏側には、いかに日本の植民地化を防ぐかという大義があったのです。そのために信長はキリシタンと接触し、受け入れようとする姿勢を見せながら、彼らの技術を早急に学びとろうとしていたのです。

明治以降の日本の歴史では、キリシタンが遅れた日本に西洋文化をもたらしたという見方をしていましたが、南蛮人と呼んだことからも明らかなように、信長たちは宣教師たちを侵略者と感じていたに違いありません。

天正三（一五七五）年、長篠の戦いでは鉄砲隊の威力を発揮して甲斐（山梨県）の武田氏の軍勢を打ち破り、その翌年、信長は琵琶湖畔の安土に五層七階の安土城を建築しました。天下統一は着々と進んでいました。ところが、中国の毛利氏を討つ途中で家臣の明智光秀に背かれ、京都の本能寺で自害せざるを得ませんでした（**本能寺の変**）。四十九歳でした。

信長を受け継いだのは織田家の家臣、**豊臣秀吉**です。本能寺の変のとき毛利氏と戦っていた秀吉は、ただちに和議を結び、京に引き返して明智光秀を討ちました。ほかの家臣たちとの競り合いに勝って、信長の後継者の地位を獲得します。

そして天正十一（一五八三）年、秀吉は巨大な大坂城を築城しました。五層九階で、内装は金箔という壮大なものでした。秀吉は朝廷から関白の地位を授けられ、天皇から全国の統治を任されるという正統性を得ました。天皇の権威によって、秀吉の立場が明確になったのです。いかに天皇の権威が大きかったかがわかります。

天正十八（一五九〇）年、大名のすべてを支配下に置いて、秀吉の天下統一は完成しました。

秀吉は重要な土地調査を行いました。**太閤検地**といわれるものです。

各地の米の収穫高を土地ごとに調べさせ、土地の階級と石高を示す検地帳をつくらせました。それまでの公家や寺社の荘園に見られた複雑な権利の重なりあいを整理し、一地一作人の原則をつくり上げました。農民の土地の所有権が認められるようになったのです。年貢は石高に応じて村が一括して納める制度にしました。**刀狩令**を発して農民から武器を没収しました。**兵農分離**をしたわけです。これは武器をもって一揆などに加担することを防ぐ狙いもありましたが、それだけではありません。世の中の秩序と安全を守るという意義も大きかったのです。

これは日本社会の「近代化」ならぬ「合理化」といっていいものでした。武器を野放しにしなかったことは西洋と異なります。西洋では、武器の進歩が「近代化」の原動力の一つとなりましたが、日本人はそれを拒否したのです。

◉戦国大名は、なぜ豪壮な文化を生み出すことができたのか？

いま日本人が描くお城のイメージ――石垣が高々と築かれ、白壁の塀が囲み、隅櫓《すみやぐら》がにらみを利かせ、壮麗な天守閣がそびえ立ち、お濠がめぐり――という形が出てくるのが、この安土桃山時代です。信長の安土城、秀吉の伏見城、大坂城をはじめ、姫路、岡山、広島、松本など、たくさんの城郭が築かれました。その面影はいまでも姫路城や松本城に見ることができます。これらは軍事的な要塞というより、各国の建築美を競ったものであることは、それぞれに個性をもった美しい姿からわかります。軍事的な目的でしたら画一化されるはずです。

城内の館の襖、それに屏風は障壁画で飾られました。狩野永徳や山楽といった画家が信長、秀吉などに用いられ、制作に当たりました。これらはやや過剰な装飾性の傾向があるのが特徴です。中でも、長谷川等伯《とうはく》は強い筆遣いで、この時期を代表する画家です。『松林図屏風』（東京国立博物館）が有名です。この画家はほかにも、智積院の襖絵の『樹木図』や『涅槃図《ねはん》』の大作で見事な腕をふるっています。

一方、仏像、仏画はほとんどつくられませんでした。これは注目すべきことです。時代の空気を反映していると思わないわけにはいきません。

結局禁止されましたが、キリスト教が入ってきたということは、日本人が西洋人に接触し、西洋の文化に触れたということです。その様子は南蛮屏風などに垣間見ることができます。

パン、カステラ、カッパ、カルタ、タバコなどが日本人の生活の中に入ってきました。時計やオルガンが珍重されました。物質的なものは取り入れたのです。

活版印刷術も入ってきています。キリシタン関係の出版物に使われたのです。しかし、日本語の印刷には合わなかったのでしょうか。発展することもなく姿を消し、また木版印刷にもどっています。

戦国時代というと、国民は悲惨な目に遭い、苦しい生活を強いられたようなイメージがあります。事実、そのように語る歴史書が後を絶ちません。しかし、前にも述べたように、各大名は力をつけるために耕地を増やし、整備して生産性を上げ、産業の育成や商業の振興に努めました。だから、経済面では意外に成長性が高かったのです。人々の生活は豊かになりました。

それを端的に表すのが衣服です。多くの人が小袖を着るようになり、その色や模様に意匠を凝らすようになりました。綿の生産も進み、衣服の素材は麻にかわって木綿が普及していきました。

都市の大商人や大名たちの間で大流行したのは茶の湯でした。堺の千利休のように茶人が重んじられました。

◉世界に日本を知らしめた慶長遣欧使節

天正十（一五八二）年に出発した少年四人を引き連れた天正遣欧使節が、イエズス会のヴァリニャーノが仕組んだ、日本のキリスト教化が成功したことを示す芝居であったのに対して、慶長十八（一六一三）年に出発した慶長遣欧使節は、徳川幕府が、伊達政宗と組んで、カトリック諸国との通商と交流をねらった対西欧外交使節でした。これまでこの使節については、キリスト教関係の研究者による解釈がなされたため、宗教使節として取り扱われてきました。そして、その意味ではまったく成果がなかったという解釈がされてきたのです。というのもすでに徳川幕府は慶長十八（一六一三）年にキリスト教禁圧をしていたし、通商も、カトリック諸国よりもオランダのようなプロテスタント諸国との関係に傾いていた時期であったからです。

しかし、それは表面的な解釈で、ひとたび宗教的、通商的意味合いから離れて見ると、むしろ徳川幕府が、仙台藩の豊かな財政をあてにして西洋の大航海時代の船と同じ、五〇〇トンのガレオン船を建造させ、メキシコ、ヨーロッパ諸国に外交使節として送ったと考

支倉常長（クロード・ドゥルエ作　個人蔵　ローマ・ボルゲーゼ宮所在）

えるほうが、この時期から考えて妥当だと思われます。日本人使節が、日本史上初めて自国でつくった船を操り、太平洋の海原を越え大西洋を渡った壮挙を、高く評価することがあっても、これまでのように失敗した使節として矮小化してはなりません。東西の外交史上、これほどの重要な使節はないといってよいのです。昔、遣唐使がありましたが、対等な関係ではありませんでした。この遣欧使は対等であったのです。

実際、この使節団は約百八十人（日本に来ていたスペイン人三十人ほどを含む）という大部隊であったし、スペイン、ローマまで到着した人数だけでも二十人近くもいたのです。その中には、支倉常長《はせくらつねなが》のような武士だけでなく、堺、京都、名古屋の商人もいました。彼らは訪問国で、儀礼的に洗礼式に臨みましたが、実際は海外視察を主目的とした外交使節だったのです。その証拠に支倉は十九冊の見聞録を書いていますし、これにより、幕府が西洋の状況を把握することができたのです（この見聞録は、明治時代まで残されていました。しかし、その後紛失したのは、宗教関係者の誰かがこれを読んで不利益になると考えたからだと推察しています）。

支倉は帰途、マニラに寄りましたが、そこでスペインがオランダに敗れる戦いを目にしました。スペインやポルトガルではなく、オランダと通商を行うことを幕府が決めたのも、この使節がもたらした情報によるものであったことは、その後の経過からも理解できることです。支倉は元和六（一六二〇）年に幕府公認の御朱印船で、伊達家の家臣、横澤将《しょう》監《げん》とともに長崎に帰ってきました。そこで幕府の奉行から調べを受けています。支倉はその体験をできるかぎり、幕府に伝えたと考えられます。そして宣教しないこと、隠棲することなどを条件に仙台への帰朝を許されました。

◉外国人を巧みに利用して外交方針を定めた徳川家康

江戸幕府における外交政策は桃山時代の遣欧使節と深く結びついています。同時に、徳川家康が利用したのが慶長五（一六〇〇）年にオランダのリーフデ号で日本にやって来たイギリス人航海士のウィリアム・アダムス（日本名：三浦按針《あんじん》）とオランダ人航海士のヤン・ヨーステンでした。家康は同時にルイス・ソテロというフィリピンから来たスペイン人宣教師を通訳として雇い入れました。

すでに述べたように、フィリピンはスペインに侵略されて支配されていました。ソテロはマニラの日本人町で日本語を学んだユダヤ人です。見事な日本語を操るため、最初はフィリピン提督の代理として日本にやって来ました。そんな人を幕府の通訳に雇うというのはスパイを招き入れるようなものです。しかし、家康はそれを逆にうまく利用して、さまざまな情報を得たのです。

実をいうと慶長遣欧使節は、ソテロの主導でスペインやローマなどのヨーロッパの中枢に入ったのです。ソテロには伊達を使って徳川を転覆するという目論見もあったようですが、伊達には協力する気はまったくありませんでしたし、ソテロもそれはわかっていたようです。このソテロを使った微妙な外交戦略は徳川と伊達の見事なコンビネーションによって成功しました。この偵察使節によって徳川は西洋世界を知りました。それが江戸時代になって二百六十年の平和が保たれた重要な要因の一つになりました。

というのも、徳川幕府は第二代将軍秀忠、第三代将軍家光のときに鎖国体制を固めました。スペインやポルトガル船の入港を禁止し、オランダのみ長崎の平戸に限定して貿易を認めました。これは日本が侵略されないことの保証でもありました。スペインやポルトガルを入れると宗教の名を借りて日本を精神的に侵略し、その後必ず軍隊を送ってくることがわかっていたのです。同時に、慶長遣欧使節を送ったころにはすでに両国が凋落しつつあり、オランダとイギリスが新たな西洋の中心国として擡頭《たいとう》してきたという情報をつかんでいました。

だから家康はウィリアム・アダムスとヤン・ヨーステンというイギリスとオランダをよく知る外国人を雇って臣下にしたのです。特にウィリアム・アダムスを気に入って、三浦半島に領地を与え、日本の役人と同じような役割を与えました。彼は三浦に領地をもつ水先案内人というところから三浦按針と名乗るようになりました。

彼は先に挙げたソテロと組んで家康の外交顧問としてオランダ、イギリスと通商交渉に臨んでいます。不思議な組み合わせですが、三浦按針はスペイン語を理解しましたからソテロと意思の疎通を図ることはできたのでしょう。

このように家康は外国人を巧みに使って日本の安全を確保していきました。そのきっかけとなったのが遣欧使節団です。使節団がもたらした情報によって初めて家康の、そして江戸幕府の西洋に対する方針が決められたと思われます。

第十一章

江戸時代——百万人都市が育んだ庶民文化

◉百万人が暮らす世界最大の都市・江戸の誕生

徳川家康は、秀吉の死後、諸大名の筆頭として、豊臣家を継いだ豊臣秀頼を立てようとした石田三成と対立し、慶長五（一六〇〇）年、**関ヶ原の合戦**に臨みました。東軍十万四千人、西軍八万五千人という天下分け目の戦いとなりましたが、東軍の大勝となりました。この勝利により、家康は江戸幕府を開きました。天皇から征夷大将軍の位を与えられ、全国の諸大名に江戸城と市街地造成の普請《ふしん》を命じて主従関係を明確にしました。慶長十九（一六一四）年に秀吉の子、秀頼を攻め、翌、元和元（一六一五）年に大坂城を陥落させ、支配を盤石なものにしました。**武家諸法度**を定め、**参勤交代**の制度をつくり、**幕藩体制**を固めていったのです。

武家諸法度は大名たちをいかに統制するかを考えたものといわれます。武士の社会をつくる以上、各藩の軍事力を削ぐことは必須です。これは秀吉の時代に行われた刀狩と同様です。同時にこれは日本を平和に保つための方針なのです。徳川は外交もさることながら内政においても非常によく考えられた方針をつくりました。

参勤交代には中央と地方を常に関係づけるという意味がありました。江戸に各藩の武家屋敷を置き、大名行列で行き来させることにより、中央との関係を強く持たせたのです。同時に、江戸が日本の首都であるという意識を大名に植え付けました。以前は幕府と地方は国司を派遣するという形のみでつながっていました。それを地方から江戸に常に大名が来るようにすることで国家の統一を図ったのです。

各地の大名たちによってもたらされる地方文化の活力は江戸に活気を与えました。逆に江戸の文化が大名たちによって地方に伝達されるようになりました。おおよそ地方の不満というものは情報不足が原因になっている場合が多いのです。その意味で、江戸の情報が素早く日本全体に伝わることは平和を維持するためにも重要だったのです。これが江戸の繁栄に結びついていくのです。

ここからは日本の平和の維持のために、いかに為政者が知恵を絞っているかがわかります。できるだけ皆が自然に守れるような仕組みをつくっているのです。自然にそうなるように仕向けているのです。これが日本の自然道というものです。

江戸時代初期には地震や火事などの災害はありましたが、平和で安定した時代が到来しました。

農業では新田開発に力が注がれ、江戸時代になってからの百年間で耕地面積は二倍になっています。農具も肥料も改良されて生産性が高まったのです。

鉱業も金、銀、銅の発掘が盛んで、新たに佐渡（金）、生野（銅）、足尾（銅）などの鉱山が開発されました。幕府は佐渡金山を直轄領として採掘に力を入れました。また、炉に木炭と砂鉄を入れて鞴《ふいご》で風を送って鉄をつくるたたら製鉄など技術力の改良が進んでいきました。採掘された金銀はヨーロッパにも輸出され、陶磁器、漆器も海を渡りました。

江戸は十八世紀初めには人口百万人を超え、世界最大の都市になります。大坂も米、木綿、醤油、酒などの取引が発展し、「天下の台所」といわれるようになります。朝廷のある京都は工芸品の生産が盛んになります。三都の繁栄は続きました。

このような発展にともなって、交通も整備されていきます。幹線道路である**五街道**には関所が置かれました。また、都市間には宿駅が設けられ、馬三十五頭を常備、乗り継ぐ体制もとられました。交通量が増えてくると、周辺から人馬を調達できるようにする助郷《すけごう》制も整えられました。一般の旅人も増えて宿場が形成され、木賃宿、旅籠《はたご》、商人宿、荷宿ができました。木賃宿は燃料費だけを払って自炊する宿、旅籠は料理も出す宿です。茶店も増えてきます。

歌川広重が描く東海道五十三次や木曾街道の図は有名ですが、各地が絵にあるような特色ある発展を遂げていたのです。

江戸時代の人々は旅が好きで、盛んに旅をしています。男性ばかりではありません。女性も旅をしました。これは特筆すべきことです。当時、ヨーロッパで女性が旅することなどは考えられませんでした。それだけ、江戸時代の日本は治安がよく安全だったということでしょう。

明暦三（一六五七）年の明暦の大火を境に、幕府の財政は赤字に転じました。時の五代将軍**徳川綱吉**は厳しい財政引き締めを行いました。

同時に、一風変わった政策も行いました。貞享《じょうきょう》四（一六八七）年に出された**生類憐《しょうるいあわれ》みの令**です。これはもともと仏教にもとづく法令で、捨て子、捨て病人、捨て牛馬の禁止をうたったものでした。野鳥類を撃ってはいけないと、鉄砲を規制したりもしています。ところが、動物愛護の精神が行きすぎたのか、それともよほどの犬好きだったのか、犬愛護令をつくり、大規模な犬小屋を設置して、江戸の人々の反感を買ったりもしています。

◉経済を活性させ、文化を育てた江戸初期の建築ブーム

徳川家康の時代には姫路城をはじめとして各地に城がつくられました。城といえば戦国時代までは軍事的な意味をもちました。芸術・文化的意味をもつ建造物という城がつくられるようになったのは関ヶ原以降の話です。

江戸初期につくられた城は、地域の中央に位置し、山のように周囲から抜きん出た高さをもちました。従来のように、敵の侵入を防ぐために迷路や銃眼も備えていました。そういう城が幕府の許可を得てつくられたというのが面白いところです。

平和な時代に必要度の低い城をなぜ幕府がつくらせたかといえば、参勤交代同様、藩の財政を城づくりに振り向けて藩の力を弱めるという意味もあったでしょうが、もう一つ、芸術・文化に対する意識の高まりが理由となったと考えられます。軍事目的の城をつくるのなら日本中に同じような形の城ができるはずです。ところが、江戸初期に各地につくられた城はすべてスタイルが違います。要するに、効率を求めていないのです。

特に、白亜の殿堂、白鷺《しらさぎ》城と呼ばれた姫路城は美観を第一につくられています。これは

姫路城　国宝　（兵庫県姫路市）

城が精神的な意味で都市の中心になるということです。城が山のように仰ぎ見る高さをもつのにもそういう意図があります。つまり、西洋における教会と同じです。教会も非常に高く、だいたいが町の中心にあります。そして市役所と並んで重要な都市の中心を占めています。日本では城がそうした役割を果たしたのです。それがいまは都市の観光の中心になっています。

江戸城は明暦三（一六五七）年に起きた明暦の大火によって焼失してしまいました。それ以後、江戸城天守は再建されることがありませんでした。財政的な問題もありましたが、再建する必要もなくなったのです。江戸城の役割は、日本の首都としての江戸の繁栄を示すためのものでした。確かに版画で見ても江戸屏風で見ても、素晴らしいものだったと予想できます。再建されなかったのは、その役割を十分に果たしたということでしょう。軍事的な城であれば絶対に必要ですが、もともと軍事的な役割はあまりなかったのです。逆にいうと、城がなくても江戸は守れるという自信が幕府にあったということです。

城づくりは江戸初期に建築ブームを巻き起こしました。そして城を飾る障壁画や屏風絵などを描く俵屋宗達《たわらやそうたつ》、尾形光琳《こうりん》、長谷川等伯《とうはく》、そして江戸文化の象徴ともいえる狩野派の画家たちを育てました。建築ブームは江戸文化を育て、江戸を経済的にも豊かにしました。これは文化が経済を引き出すという典型です。

◉寺子屋の先生は三人に一人が女性、教育程度が高かった江戸の人々

社会を安定させた基盤としては、江戸時代の教育の普及を挙げなければなりません。国民教育は明治以後、学校制度ができてからだといわれますがそうではありません。江戸時代の教育の普及は大変なものでした。**寺子屋**といわれるものがそれです。当時は「手習」「手跡指南」「筆道稽古所」などといわれていました。こうした学校は江戸時代を通じ

て全国に一万六千五百六十校あったといいます。

規模は小さいもので二十〜三十人、都市では百人を超えるものもありました。人々は実に教育熱心だったのです。

先生を務めたのは、最初は僧侶が多かったのですが、都市では下級武士、それに禄《ろく》を離れて浪人になった武士も教えるようになりました。元禄期になって庶民教育が広まると、教養のある町人も教えるようになりましたが、注目すべきなのは女性の先生が増えてきたことです。江戸では三人に一人は女性の先生だったといわれます。それだけ教養を積んだ女性がいたということです。

生徒の親は入学金（束修）と月謝（月並銭）を払い、正月や盆暮れ、節句にはお礼を出すのが習わしでした。入学の時期は決まっていませんでしたが、江戸では二月の最初の「丑《うし》の日」に入学する習慣ができてきました。入学年齢も同様に決まってはいなくて、習いたいときに通い出せばいいのですが、だいたいは七〜八歳が多かったようです。いまの学齢と同じようなものだったのです。

教科書は「往来物」といわれました。変わった呼び方ですね。これは手紙の書き方が基本になっていたことによります。手紙はこちらから出せば返事がくるし、手紙をもらったら返事を書きます。つまり往来します。それで「往来物」というわけです。

手紙の書き方の手本は平安時代末からありました。江戸時代には七千種あったといいます。読み書き、算盤が中心で、地理、歴史、武術も教えられました。

授業は毎日行われました。朝六〜八時ごろからはじまり、午後三時に終わるのが普通でした。机には紙、筆、墨、硯《すずり》、文鎮、水桶と毛筆の道具が置かれ、先生が手本を与えて、それを繰り返し書いて覚えるというふうでした。

教え方は、一つの教室（部屋）の全員が同じものを学ぶというのではありませんでした。一室で学んでいても、生徒の年齢はまちまちで進度も違います。一人ひとりの学習の進度に応じて教科書の往来物がそれぞれに与えられ、一人ひとりに指導がなされました。年長者の生徒が年下の生徒に教えるということもありました。

こういう具合ですから、評価もその進み具合によってなされ、画一的なものではありませんでした。

書は、寺子屋だけでなく、師匠の家や料亭などを使って一般に展覧することがよく行われました。

庶民教育だけでなく、高等教育も盛んでした。各藩の**藩校**が全国にあり、それは二百五十五校を数えました。これは主に武士の子弟を対象にしていましたが、優秀な町人や農民が入校する道も残されていました。そして、その頂点にあるのが幕府直轄の昌平坂学問所でした。学びたい者はそこを目指して懸命に勉強したのです。

試験は「素読吟味」と「学問吟味」があり、前者は口頭試問で四書五経《ししょごきょう》の暗記、後者は筆記試験で内容の解釈や説明でした。

漢学が柱でしたが、数学、医学、洋学、国学なども教えられました。

私学も多く建てられました。中江藤樹の藤樹書院、大坂町人がつくった懐徳堂、緒方洪《おがたこう》庵《あん》の適々斎《てきてきさい》塾などが有名です。名高いものだけでも各地に十四校を数えました。

日本人は寺子屋ができる前から教育に熱心でした。江戸時代以前は寺が教育機関の役割を果たしました。寺では仏教に出てくる漢字およびシナ文化を教えました。それによって論理的に物事を考える力がつきました。その力は外国の思想・文化が入ってきたときに理解するのに役立ちました。日本ほど外国の思想・文化をやすやすと消化吸収してしまう国はありません。それは逆に海外の影響を受けやすいということでもありますが、優れた理解力が日本の発展に大きく寄与したのは間違いないところです。

日本にやって来た外国人は日本人を見てすぐに教養があることを見抜きました。ですからイエズス会が日本をキリスト教化する戦略を立てるときに考えたのは、教養ある日本人をどう変えるかということでした。イエズス会の宣教師ヴァリニャーノはフィリピンなどを教化した方法とは違うやり方が必要だと考え、セミナリヨ（小神学校）、コレジオ（大神学校）、ノビシャド（修練院）という学校を設置して教育しようとしましたが、結局根付きませんでした。

それは日本にすでに数々の教育機関があったことが影響したものと考えられます。

◉江戸の学問はきわめて実践的であった

戦いがなくなり平和になった時代、武士は新しい対応を求められました。「文武兼備」がそれです。また慶長十七（一六一二）年、幕府は直轄領に対してキリスト教会の破壊と布教の禁止を命じる禁教令を出しました。これがキリスト教とは違う文化を日本につくることになりました。儒学思想の発展は、このことと無関係ではありません。

その中心になったのが、林羅山《らざん》です。林羅山は建仁寺《けんにんじ》で学問を修めたのち、仏教や古い儒教を批判して、神道の考え方も取り入れた日本独自といえる朱子学を確立しました。秩序を重んじる羅山の朱子学を、時代の安定に寄与すると認めたのは徳川家康です。慶長十（一六〇五）年以後、朱子学は幕府の文教政策の中心になり、他の政策にも影響を与えることになります。

朱子学は中国より日本のほうが進んでいるといわれるぐらい深まりました。林羅山の他にも新井白石《はくせき》、室鳩巣《むろきゅうそう》、谷時中《たにじちゅう》、山崎闇斎《あんさい》といった人たちが出ました。

「古学」も盛んになりました。これは、孔子、孟子の源流に帰ろうという動きです。山鹿素行《やまがそこう》は朱子学を形式主義であるとして、公然と批判しました。日本こそが中国、中朝（世界の中心に位する朝廷の意味）の国であるというのが何よりも強い山鹿の主張でした。

伊藤仁斎《じんさい》は、聖人の理《ことわり》は「実理」であると説きました。経験的知識を尊び、学問のための学問を退けたのです。一種の現実主義、合理主義といえます。この教えは実務を行う者、ことに商人に求められ、門人は三千人に及んだといいます。

孔子よりさらに以前の先王の時代に遡って古典を研究し、聖人の道を明らかにしようとする荻生徂徠《おぎゅうそらい》のような人もいました。

全般的な傾向は、現実的、経験的、合理的、実利的、実証的であったといえます。これは歴史観にも反映されました。林羅山と子の鵞峰《がほう》による『本朝通鑑《ほんちょうつがん》』、徳川光圀《みつくに》によって編纂がはじめられた『大日本史』がこの傾向をよく表しています。古来の注釈を集大成したこれらは、国学の基礎となりました。日本の実証的な歴史のはじまりといえましょう。

この実証的精神は、自然科学の分野でも大いに発揮され、新しい発見がありました。貝原益軒《かいばらえきけん》の『大和本草《ほんぞう》』、それに稲生若水《いのうじゃくすい》の研究は、博物学的本草学の集大成として注目すべきものがあります。

宮崎安貞《やすさだ》の『農業全書』は農業技術だけでなく、商品作物の栽培法をくわしく述べていて、広く利用されました。

医学では名古屋玄医《げんい》が臨床にもとづく医学の復古を唱え、古医方として広まりました。また、前野良沢《りょうたく》と杉田玄白《げんぱく》がオランダ語の医学書『ターヘル・アナトミア』を翻訳した『解体新書』を刊行しました。

日本の数学は和算といわれ、非常に高いレベルに達していました。関孝和は筆算による代数学（点竄術《てんざんじゅつ》）を極め、円の面積や円周率の研究（円理）を行いました。和算は浮世絵のように西洋に伝わらなかったために、西洋の数学を普遍的なものとして取り入れて科学は進展しましたが、和算が自立的な発展を遂げていれば西洋に対抗できる数学が生まれていたと考えられます。

日本では平安時代以後は、その時代に考案された宣明暦《せんみょうれき》を使っていました。ところが、江戸時代ごろになると誤差が出てきて、それが目立つようになっていたのです。安井算哲《さんてつ》は天文観察をくわしく行い、貞享暦《じょうきょうれき》をつくり、幕府はこれを採用しました。

江戸時代は日本の歴史上、学問がもっとも進歩した時期だったといっていいと思います。

◉元禄文化——平和な江戸から生み出された成熟した庶民文化

江戸時代といえば、**元禄文化**を思い浮かべる人も多いでしょう。平和で安定した時代の上に花開いたのが、成熟した元禄文化だといえます。

それを代表する一人が、寛永期の京都の町人画家、俵屋宗達《たわらやそうたつ》です。狩野派の形式性に飽きたらず、『風神雷神』や『舞楽図屛風』など、動きと装飾性を結合し、絵画に新たな生命を吹き込みました。陶磁器でも肥前有田の酒井田柿右衛門《かきえもん》が、釉薬《ゆうやく》の上に模様をつける絵付けの技法を研究し、独特の赤絵の手法を完成させました。

建築にも見るべきものが現れました。家康を祭る霊廟が建てられたのです。日光東照宮です。その華麗な本殿は、権現《ごんげん》造りの代表となりました。その一方、茶の湯の発達は、新しい建築様式を生み出しました。書院造りと草庵風の茶室を折衷した数寄屋《すきや》造りです。その代表は京都の桂離宮でしょう。

文化の面でも町人が中心を担うようになってきました。そうなると、現世という「浮き世」の中に人間性を追求する傾向が強くなってきます。それは宗達を引き継いだ尾形光琳《こうりん》によく見られます。光琳は意匠の工夫、構図の単純化により、装飾的な絵画を描きました。『燕子花《かきつばた》屛風』（根津美術館）や『紅白梅図屛風』（MOA美術館）は二次元的な画面が配置の妙味によって生き生きと躍動しています。

菱川師宣《ひしかわもろのぶ》は版画によって風俗画を広めました。**浮世絵**の創始者といわれています。

文学には**俳諧**という形式が生まれました。連歌と同じ系統で、数人で句をつないで（連句）、その味わいを楽しむのですが、**松尾芭蕉**はその発句を独立させ、一つの作品として鑑賞に堪えうるものにしました。

「夏草や　兵《つわもの》どもが　夢の跡」

これは『奥の細道』の中で、平泉を訪れた芭蕉が古戦場を見て詠んだものですが、短い言葉の中に歴史を思う気持ちがよく表れています。また芭蕉が涙を流すところがあります。それは仙台の北、多賀城で「壺の碑《いしぶみ》」を見たときのことです。その石碑は、遠く聖武天皇の御代の天平時代に書かれたものでした。芭蕉の心は、古きものを訪ねることによって、古人の心を偲び、その心とつながることによって慰められたのです。その旅は、平安時代後期の西行や能因《のういん》法師のたどった道を訪ねるものでもありました。

松尾芭蕉（左端）（与謝蕪村《奥の細道図屏風》〈部分〉1779年、紙本墨画淡彩、重要文化財、山形美術館・㊕長谷川コレクション）

芭蕉の門下からは、榎本其角《きかく》、向井去来《きょらい》、蕪村《ぶそん》など、すぐれた俳人たちが出ました。蕪村もその一人といえるでしょう。

井原西鶴《さいかく》は現実的な小説を書きました。それは浮世草子と呼ばれましたが、浮き世、この現実の世界に生きる町人の人生の悲喜こもごもを、実に巧みに描き出しました。

庶民が楽しむ文化が大いに発展したのも江戸時代の特徴です。浄瑠璃、歌舞伎が庶民の演劇として全盛を極めました。近松門左衛門は三味線の竹本義太夫《ぎだゆう》と結んで、浄瑠璃と歌舞伎の脚本を書きました。それは名作として、いまでもしきりに上演されています。

◉意外に自由だった江戸の封建社会

江戸時代というと何を思い浮かべますか。封建社会。士農工商。そんなところではないでしょうか。

士農工商の身分、階級が定まっていて、大名、代官、大地主たちが町民や農民を苦しめ、それに耐えかねて人々はしばしば一揆を起こした——実際、こんなふうに述べている歴史書もたくさんあります。しかし、最近は研究が進み、士農工商を縦の関係ではなく横の関係として捉えて、江戸は役割分担社会だったとする見方が出てきました。そこから人々は意外に自由で、身分に縛られて経済的に苦しめられるような立場ではなかったという江戸時代の姿が明らかになってきています。

考えてみれば、もし人々が不自由で苦しい生活を強いられていたのならば、これまで述べてきたような豊かな庶民文化が花開くはずはないのです。戦争がない平和な時代ですから、武士があまり威張るわけにもいかないのです。農民と町人の間にも上下の関係はありませんでした。江戸市中は武家屋敷と寺社屋敷が大半を占めていましたが、町人の住居区もしっかりと残されていました。町人は商人を中心として重要な産業を促進する役割を演じました。商業が発展するのは各地の物産が江戸に集まり、交流したという証でもありました。

近代以前の封建的な暗黒の時代。そういう観念が江戸時代の暗いイメージをつくり上げているのでしょう。歴史を観念で見てはなりません。イデオロギーで思い込んではなりません。

将軍や大名は決して大土地所有者ではないのです。領内から徴税して、それでもって行政に当たる、そういう立場でした。土地を所有していたのは町人や農民でした。その土地を自由に売買することができました。土地を売ってその代金を資金にし、たとえば酒造や織物の仕事をすることもできました。人々は農奴《のうど》のように身分を固定されていたわけではなく、資本家として活動することもできたのです。

少数ながら、土地をもたない小作人もいないではありませんでした。しかし、彼らは収穫の二分の一を取得する権利をもっていたのです。努力して収穫量を上げれば、小作人をやめることができました。

テレビドラマなどに登場する代官は、だいたいが人々を苦しめる悪代官と相場が決まっています。まあ、そういう代官がまったくいなかったとはいえないでしょう。しかし、それは本来の代官の姿ではありません。農事改良を指導したり、村民教化に努めたりして、生産を上げ、徴税を滞りなく行う地方公務員といったところが代官の役割だったのです。

幕府の政治も将軍の独裁などではなく、評定（会議）によって行われました。「百姓は大御宝《おおみたから》」という農民重視の思想が根底にあって、さまざまな施策がとられました。租税は、作柄を検分して相応の年貢を定める検見《けみ》制、実績にもとづいて一定の年貢を定める定免《じょうめん》制など、無理のない額に定められていました。

農民は副業を営むことができ、それは課税されませんでした。だから、幕末の寛永のころには、農民が納める年貢率は全収入の一割、多くて三割になっていました。

その年貢は主に、人々の暮らしをよくするための公共施設の基盤整備に使われました。大河川の氾濫に備えた堤防の構築や、物資輸送のための道路整備や港湾施設の拡充などです。

武士の特権に「斬り捨て御免」というのがありました。しかし、これも中期以降は不可能になります。武士に非があれば、奉行所が処分しました。

農村では百姓一揆が多発したといわれます。しかし、この一揆は幕府や藩を転覆させようとする暴力的な抵抗運動ではありません。農民たちが自分たちの要求を幕府や藩主に突き付ける運動でした。あくまで日本人のお互いの理解力、信頼関係の中で行われたことです。

ですから、百姓一揆が起こっても、それが一方的に抑えられ、処断されるようなことはありませんでした。事情やいきさつがくわしく調べられ、原因をつくった責任者は罷免《ひめん》や没収などの改易に処せられました。一揆を起こした側も、首謀者以外は無罪放免になるのがほとんどでした。

士農工商は当初、社会安定のために設けられました。しかし、実際は流動化していきました。人々はそれぞれにさまざまな生き方をしているのですから、そうなっていくのは当然です。

石田梅岩《ばいがん》は農民の出です。しかし彼は、京の商人の家に奉公に行きました。そこで勉強し、商人や農民が武士に劣るものでないことを知って、上下関係を重んじる朱子学を中心に、仏教や老荘を取り入れ、それぞれに社会的職分があって、その役割には隔てがないことを説き、心学の祖といわれるようになりました。

長岡藩では藩士が支配を商人に委ね、農村復興に効果を上げました。

農民でも名主になり、帯刀を認められることがありましたし、姓を公称することもできました。武士である御家人の子が町家に養子に入ったり、武家と富農が婚姻関係を結ぶこともよくありました。庶民がお金で武士の身分を買うこともありました。学問、武芸、技術に秀でていれば、士分に取り立てられることもあったのです。農民出身で武士になった間宮林蔵《まみやりんぞう》や二宮尊徳《にのみやそんとく》がその例です。身分は絶対的なものではなかったのです。

◉上杉鷹山・二宮尊徳にみる江戸の人々の伝統的な道徳観

石田梅岩のような人物は一人ではありません。

上杉鷹山《ようざん》は米沢藩の藩主です。鷹山は窮乏している藩の財政を再建するために、まず自分の身の回りから倹約をはかりました。自分の生活費を七分の一まで切りつめ、食事は一汁一菜、着物は木綿にしました。同時に自分も鍬《くわ》をとり、家臣たちにも荒田、新田の開発に労役奉仕をさせました。漆、桑、楮《こうぞ》など各百万本の植樹計画を立て、実行しました。機織りの技術を入れて、米沢藩の青苧《あおそ》を原料にした「米沢藩織」をつくり出し、藩の立て直しに役立てました。

こうして米沢藩は、鷹山を先頭に勤勉な人々によって豊かな物産をつくり出し、窮乏を切り抜けました。鷹山は自分が米沢藩主として「民の父母」であることを願い、政治とはまず民の生活を豊かにすることであると考え、それを実践したのです。

鷹山が藩主に任命されたときに次のように詠んだ歌が知られています。

「うけつぎて　国の司の身となれば　忘るまじきは　民の父母」

二宮尊徳も江戸後期の農業の復興に力を尽くした人物です。

尊徳は「分度」「倹約」「勤労」を原則として、農民たちに「報徳思想」を説きました。

「分度」とは自分の分をわきまえて、収入の範囲で支出を決めることです。

これは日本人の生活の伝統的な道徳といえます。日本人は働いて利益を得ても、それを自分のために使うのではなく、周りの人を少しでも豊かにするために使うのが大切という心がけで暮らしてきました。そのことを尊徳は「推譲」という言葉で表しました。自分の余財を世のために譲って社会貢献することの大切さを説いたのです。

尊徳は相模の人ですが、この思想をもって小田原、烏山《からすやま》、相馬など各藩の疲弊した農村約六百を再建しました。

薪木を背負って本を読みながら歩く少年尊徳の像が戦前はたくさんつくられ、小学校などに建てられました。日本人の勤勉さを象徴している人物です。

江戸時代は、国内だけに目を向けていたわけではありません。国の外に目を向け、尽くした人もいました。林子平《しへい》は仙台藩士でしたが、早くからロシアの南下を警告し、『海国兵談』を著して海の守りを説きました。

十八世紀にはロシアが日本との通商を求めてきましたが、幕府はこれを断りました。すると、ロシアは樺太《からふと》や択捉島《えとろふとう》に住んでいる日本人を攻撃しました。幕府は東蝦夷《えぞ》（東北海道）を直轄地とし、ロシアの攻撃に備えました。

農民から武士になった例として、前に間宮林蔵を挙げましたが、その間宮林蔵が樺太を含む蝦夷地を調査したのはこのころです。樺太と大陸の間にある海峡を発見、探検したところから、間宮海峡の名がつけられました。

◉地方文化・産業の発達と経済改革による商業の活性化

江戸時代には各分野の産業の発達が技術力を急速に進歩させていきました。西洋人たちは江戸時代の産業の発達について、西洋以外でこれだけの産業力と金融の発達を成し遂げた国はないと驚いています。これは先に述べた惣村という小さな単位からなる共同体の強さにもつながります。全国各地の小さな独立共同体の間で切磋琢磨《せっさたくま》しながら、西洋に比べてもはるかに地に足の着いた文化・産業が育っていったのです。

地方に産業が興ることによって諸藩の自立が進みました。それがまた文化を生み、同時に地方分権という社会の仕組みをつくりました。地方分権は決して中央集権を否定するものではありません。地方が活性化するのは惣村が地方の特色を生かした産業の担い手となったためです。

惣村が起点となって地方の文化、地方分権が発達したのは江戸の特色です。各藩が競うようにして江戸と対等に文化をつくっていきました。たとえば秋田蘭画《らんが》という和洋折衷の絵画が秋田で進歩しました。これは地方にも西洋画の情報がもたらされ、江戸と同じく文化が発達していたことの一つの証明です。

経済面でも各時代においてさまざまな改革が行われました。第八代将軍**徳川吉宗**の下で享保の改革が行われたときには、単に増税するのではなく過去の収穫高を平均して年貢率を決める「定免法《じょうめんほう》」がつくられたり、各大名に一万石ごとに百石の割合で米を上納させる「上米《あげまい》」を実施する代償として参勤交代を緩和したり、新田開発の奨励をしたり、倹約令を出したりと、次々に新法を繰り出して改革を実行しました。それ以外にも、金銀貸借の訴訟の停止と裁判事務の簡素化を眼目とする「相対済令」、田畑を質流れの形で売買することを禁止する「質流し禁令」などが定められています。

「足高の制」は禄高の少ない者でも在任期間中は職に応じて規定の役料を支給し、退任後は元の禄高に戻すというものです。これにより大目付、町奉行といった行政面での要職に禄高が少なくとも有用な人材を登用できるようにしました。たとえば、大岡忠相《ただすけ》は禄高一九二〇石で町奉行に就任しましたが、町奉行の役料である三〇〇〇石に及ばないため、足高の制により不足の一〇八〇石が補われました。足高の制ができたことで、役職の遂行が円滑になりました。

商業では幕府や藩の許可を得て「株仲間」が生まれました。江戸では幕府から旗本・御家人に支給される米の仲介をする札差組合が公認され、大坂の堂島では米市場が公認されて米による貸し借りが可能になりました。

こうした動きが経済を活性化しました。日本における資本主義のはじまりといっていいでしょう。ただし、これは西洋に見られたように人々を窮乏させ、労働者を奴隷化するものではありません。むしろ商業の発達が生産を活性化していくという肯定的な変化が起こりました。西洋で起きた現象は必ずしも日本に当てはまるわけではないのです。

◉経世論の高まりと思想家たちの社会変革への提案

享保十一（一七二六）年、荻生徂徠《おぎゅうそらい》は吉宗に提出した政治改革論『政談』の中で経世《けいせい》済民《さいみん》（世を経《おさ》め、民を済《すく》う）を論じています。政治も経済も一体となって社会に存在し、分離することができないというのです。経世済民は経済の由来となった言葉ですが、幕藩体制の中でもこの考え方を信奉する人たちはかなりいたのです。各地に優れた為政者がいてさまざまな産業が生まれたというのは、それを裏づけています。同時に、社会の矛盾を解消していくことを恐れないというのが日本の為政者の原則になっていることがよくわかります。

熊沢蕃山《ばんざん》は『大学或問《だいがくわくもん》』という経世済民の書を書いています。この中で蕃山は現実の諸問題に対する危機感を表明し、その実践的な解決法を提示しています。ここからも経世論が一つの思想領域として成立していることがわかります。

荻生徂徠の門弟である太宰春台《だざいしゅんだい》は、貴穀賤金論《きこくせんきん》や尚農抑商策を説いています。これは農業を勧めて商業を抑えるという主張で、本来の人間の経済のあり方を説いています。春台は、仲介によって差額を儲けるような商売を批判しているわけです。

差額が儲けになるというのは金融資本主義そのものです。生み出される余剰が商業を活性化し、産業を生み出し、文化をつくるという考え方がありますが、それは人間にとって必ずしも本質的なものではありません。物々交換の時代でも文化は生まれています。余裕がないと文化は生まれないというのは資本主義の時代の考え方です。教会・神社・仏閣は余剰がなくてもつくられましたし、逆にそこから建築土木産業が育つこともあったのです。

太宰春台の主張はそういう本質に基づいたものといえるでしょう。いずれにしても、この時期の思想には士農工商がそれぞれ豊かになるにはどうすべきかという視点がありました。為政者も思想家も一体となって現実的な目で日本を改良しようとしていたのです。

◉「浮世絵」「狂歌」「浄瑠璃」——ジャポニスム芸術の絶頂期へ

文化の面ではどうしても上方が中心でしたが、十八世紀後半になると、上方にかわって江戸でその花が開くことになります。特に美術においては、世界的な創造がなされた時代といえると思います。

浮世絵では「錦絵」という多色刷りの版画が生まれ、絵として人気を得るようになりました。鈴木春信は美人画に詩情を与え、鳥居清長は女性画の華麗なる世界をつくり上げたのです。喜多川歌麿《うたまろ》は女性の何気ない仕種を表現し、絵画の自立性を高めました。東洲《とうしゅう》斎《さい》写楽は役者絵で人物の独特の性格、表情をとらえました。

実は、この写楽は謎の人物でした。でも最近の研究によって、それまで役者絵を描いていた勝川春朗《しゅんろう》こと葛飾北斎が、十カ月だけ名を変えた画家であることが明らかになっています。

北斎はこの時期以後風景画に転じ、世界的な質の高い作品をつくりました。名高い『富《ふ》嶽《がく》三十六景』はじめ、『百人一首乳母が絵解き』『諸国滝廻り』など、奇抜な構図と色彩で

『冨嶽三十六景 神奈川沖浪裏』（葛飾北斎作　画像提供：東京都江戸東京博物／DNPartcom）

人々を引きつけました。そこには江戸初期から入ってきた西洋の遠近法も陰影法も消化した空間表現があったのです。

遠近法はルネッサンス時代に発見されたといわれますが、オランダを通じて日本に入りました。オランダからは図鑑を含めた印刷本が日本に来ています。それを司馬《しば》江漢《こうかん》や平賀源内といった蘭学者たちが学んで浮世絵師に紹介したのです。

北斎はそういう西洋画の研究を踏まえて、それを超える表現をしてみせました。『富嶽三十六景』の中の一枚、有名な「神奈川沖浪《なみ》裏《うら》」は、中間を省いて近景と遠景だけで描くという手法をとって西洋の画家たちを驚かせました。

歌川広重は『東海道五十三次』で、北斎に学びながら情緒的な風景画を描きました。これらの浮世絵が十九世紀後半、万国博などの機会に西洋に渡り、「ジャポニスム」として西洋絵画形成に大きな影響を与えたことは、いまや通説になっています。

浮世絵が大衆の間で人気を博したのに対し、知識人の間では中国の山水画を理想とする文人画といわれる風景画が好まれていました。

池大雅《いけのたいが》は「万里の道を行き、万巻の書を読む」という文人の姿勢を貫き、題材は中国風ですが、景色も人物も日本の風景画を描きました。

与謝蕪村《よさぶそん》は俳句とともに絵をたしなみ、五十歳を過ぎて多くの作品を制作しました。浦上玉堂《うらがみぎょくどう》は岡山藩士の子として生まれましたが、琴を弾き、晩年、書画に親しんだ人物で、山水の大気を表現しました。

青木木米《もくべい》は陶器の染めから出発し、山容をデフォルメした独特の山水画をつくり上げ、田能村竹田《たのむらちくでん》は三十七歳で豊後国岡藩の藩校・由学館の頭取を辞し、旅に出て日本の景色から格の高い画風を確立しました。

文学では一七七二年から一七八八年（安永～天明）のころに、江戸文芸として遊里の生活を描写する洒落本が生まれ、風刺や滑稽を主題とした黄表紙が現れました。山東京伝《さんとうきょうでん》はこの両方をこなし、江戸戯作者の祖といわれました。

一八〇四年から一八三〇年の文化・文政年間を化政期と呼び、文化が栄えた時期としていますが、黄表紙では柳亭種彦《りゅうていたねひこ》、滑稽本では十返舎一九《じっぺんしゃいっく》や式亭三馬《しきていさんば》がこの時期に活躍しました。十返舎一九の『東海道中膝栗毛』は滑稽な道中の話で、式亭三馬の『浮世風呂』は庶民の会話のおもしろさが述べられています。恋愛を主題にした人情本では為永春水《ためながしゅんすい》が人気を得ました。

このように庶民の生活を著した作品が多く生まれ、人気を得たことは、彼らこそ時代の主人公であったことを示しています。

歴史や伝説に題材をとった伝奇的な小説は読本《とくほん》といわれ、これも人気でした。中でも名高いのは上田秋成《あきなり》の怪談『雨月物語』です。滝沢馬琴の『南総里見八犬伝』となると、さらに空想性が強くなっています。

画家でもあった与謝蕪村は、写生的、絵画的な作風で、芭蕉以後の俳諧の第一人者になりました。小林一茶は生活を強くにじませた句によって、人々に愛されました。

社会風刺を効かせた狂歌や川柳も盛んでした。演劇は十八世紀半ばまでは人形浄瑠璃がはやり、竹田出雲《いずも》が『菅原伝授手習鑑《かがみ》』『仮名手本忠臣蔵』を書きました。これが十八世紀後半になると、江戸では、歌舞伎が浄瑠璃からとった作品を上演し、人気を博しました。化政期、鶴屋南北は『東海道四谷怪談』を書きましたが、そこには退廃の影が感じられます。

文学にも幕末の予感が押し寄せていたのです。

◉実は江戸時代からはじまっていた「西洋化」の前兆

これまで西洋化は、明治時代からはじまったと考えられてきました。しかしそうではありません。十八世紀の初めに、八代将軍徳川吉宗は実学を奨励し、キリスト教に関係のない西洋の学問、技術を自由に学ぶことを許可しました。洋学が発展し、青木昆陽《こんよう》は海外の文献から、飢饉のときに備えて薩摩芋（甘藷《かんしょ》）を広めたり、野呂元丈《のろげんじょう》は西洋の博物学を紹介したりしていたのです。

前野良沢《りょうたく》は『解体新書』を翻訳した医者として知られていますが、その「菅蠡秘言《かんれいひげん》」は、西洋の自然科学の考え方の基本を紹介したものでした。日本人は知識の面では、十八世紀末から十九世紀初めにかけて、西洋と同じ科学革命を成し遂げていたとさえいわれています。ドイツ人シーボルトは文政六（一八二三）年にオランダ商館の医師として来日しましたが、その翌年、長崎に鳴滝塾《なるたきじゅく》を開き、医学、博物学の教育をはじめました。二宮敬作、高野長英など全国からやってきた合計三十七人の洋学者が学んでいたのです。

嘉永《かえい》六（一八五三）年、**ペリー**が来航したとき、幕府は決して動揺したわけではありませんでした。すでに『オランダ風説書』で、**アヘン戦争**（一八四〇〜四二年）などの海外事情を知っていたからです。ペリーの艦隊とすぐに衝突せずに、国内の軍備を整える方向で対処できたのもそのおかげです。老中の阿部正弘は国内の意見をもとに、嘉永七（一八五四）年に日米和親条約を結びました。このとき、ペリーはアメリカ政府からの贈呈品として、鉄道の模型一式、電信機、銅板写真機、ライフル銃、ピストル、農機具など、アメリカの最新技術を日本側にもたらしました。これに対して、答礼品として、家具、調度品、絹織物、人形などの工芸品を贈りました。

同じ年、ペリーの一行は、円周約一一〇メートルの線路を敷いて機関車、石炭車、客車付きの鉄道模型を走らせました。時速約三二キロだったといいます。しかしそれ以前、ロシアのプチャーチンが日本に開国を求めてきたとき、小型の模型をもってきていたので、すでに機関車の情報を得ていました。鉄道は急務であるというので、明治初年には鉄道が敷設され、明治五（一八七二）年には新橋・横浜間で開業されたのです。

アヘン戦争で中国がイギリスによって侵略されたというニュースは、軍備の必要性を日本人に感じさせました。それは各藩にも伝えられ、佐賀藩では天保十三（一八四二）年に、オランダの技術を得て、大砲の製造所を設置しています。そこで使用する鉄を溶かすために、日本で最初の反射炉を築造しました。そして幕末までに約二百門の大砲をつくったのです。同じ佐賀藩では、精錬方を組織し、汽船を建造する技術まで獲得していました。薩摩藩では、集成館という研究所をつくり、反射炉、製鉄所、洋式帆船の建造などが行われていました。水戸藩でも、安政三（一八五六）年から反射炉の操業に着手し、十数門の大砲をつくっていたのです。

ペリー来訪の後、幕府は海防が急務だとして江戸に湯島の鋳砲場を設置し、伊豆に反射炉の建設を行いました。このとき造られた反射炉は、伊豆の韮山《にらやま》で見ることができます。湯島では洋風の小銃が製造され、浦賀には造船所（一八五三年）が、長崎には長崎製鉄所（一八六一年）などが、オランダの技術のもとにつくられていたのです。北の南部藩や函館奉行でも、高炉による洋式製鋳が行われていました。明治維新に至るまでに、すでに幕府には四十五隻の洋式艦船が保有されていたのです。そのうち約四分の一は国産だったのです。すべて明治以降の「文明開化」によって軍備が整ったわけではないのです。

軍備だけではありません。薩摩《さつま》の集成館では、ガラスや陶磁器の工場や機械紡績所もありました。むろん江戸時代は手工業が中心でした。そこから生み出された多くの製品は、各地の名産品となって流通していたのです。出雲地方では、砂鉄のたたら精錬が行われ、刀剣のほか農具や工具が造られ、鉱石による製鉄は、陸中釜石で、木炭を使った高炉が使われていました。石炭は筑豊方面で採掘され、石油でさえ、越後で産出されていたのです。

特に和紙は楮《こうぞ》を原料とする方法が開発され、越前奉書紙や、播磨《はりま》の杉原紙などが使われました。流漉《ながしすき》という技法が大量に栽培できる楮を紙原料にすることを可能にしたのです。その結果、安価な紙が出回ることで庶民による大量消費まで可能にし、学問、文化を発達させました。その中でも浮世絵は和紙を使い、絵画を大衆のものにしたのです。

◉アヘン戦争が対岸の火事では済まなかった裏事情

江戸末期の天保年間（一八三〇～一八四四）に起こった天保の大飢饉により、都市も農村も困窮しました。天保八（一八三七）年には大塩平八郎の乱が大坂で起こるなど、幕府に対する不満が高まりました。幕府の財政も逼迫《ひっぱく》しており、これを打開すべく老中・水野忠邦が天保の改革を断行しました。幕府は財政立て直しのためさまざまな改革を行いました。こうした内政の努力によって江戸幕府は飢饉や火災といった困難を乗り越えてきたのです。

一方、泰平の世を乱し、人々に危機感を与えたのは外交の問題でした。最も重要なのは天保十一（一八四〇）年から天保十三（一八四二）年にかけて清とイギリスの間で起きたアヘン戦争です。大国と仰いでいた清がイギリスに敗北したことは日本にとって衝撃でした。アヘン戦争の結果は各地を駆けめぐり、清の魏源《ぎげん》が書いた『海国図志』という外国の情報を示すような本が印刷され、幕末の政局に強い影響を与えるようになりました。

日本はオランダ以外の西洋諸国とは貿易をしていませんでしたが、清の敗北を聞くと、文政八（一八二五）年に発令した「異国船打払令」を改めて、外国船に薪や水の供給を認める「薪水給与令」を出しました。同年六月には英軍艦の来日計画がオランダから報告されました。イギリスが中国だけではなく日本にもやってくると伝えられたのです。

アヘン戦争を終結させるために締結された南京条約により、香港がイギリスに割譲され、広州、厦門《アモイ》、上海、寧波、福州の五港が開港されました。いよいよ日本にも外国勢力が門戸開放を迫ってくることが予想されました。日本は、嘉永六（一八五三）年にペリーが来航したときから開国を考えはじめたといわれていますが、実際はそれより十年も前から鎖国か開国かという大きな問題に直面していたのです。

アヘン戦争が対岸の火事では済まないというのには次のような裏事情がありました。

十九世紀前半、イギリスは植民地のインドでアヘンを栽培・製造し、清へ密輸販売して巨利を得ていました。これに対して清はアヘンを禁止し、取り締まりを強化しました。それが発端となって戦争が起こり、イギリスが勝利したのです。その結果、清はイギリスに対して不平等条約を結ばされました。

清にアヘンを密売していたのは十八世紀にメソポタミアで台頭したサッスーン家というユダヤ人の富豪家族でした。イラクで活動していたデビッド・サッスーンがインドに進出し、インドのボンベイでサッスーン商会を設立しました。そして、イギリスの東インド会社からアヘンの専売権を得て、清でアヘンを売り払って莫大な利益を上げたのです。

このサッスーン商会と関係していたジャーディン・マセソン商会という会社があります。そして、このジャーディン・マセソン商会の使いで日本にやってきたのがトーマス・ブレーク・グラバーという人です。彼の設立したグラバー商会は日本で武器を売買し、明治初期に日本国内で起こった争いの中で力を振るうことになりました。

つまり、アヘン戦争が日本に与えた危機感とは、単にイギリスが戦争を仕掛けてくるという問題ではなく、経済的に日本を支配しようとユダヤ商人が動いているということだったのです。

このように裏から日本の動きに関係している外国勢力、特にユダヤ人勢力があったことに注目しておく必要があります。日本の内部だけで見ているとわからない動きも、外との関係で考えるとわかってくることがあります。実際に幕末から明治にかけて日本に起こった大変動は、外からの強い刺激によるものだったと考えて間違いありません。

◉幕府の退潮を印象付けたペリー来航と日米和親条約の締結

日本は元来、政治なり社会なりの発展が自然に成り立っていくことを基調としていました。自然史とともにあるといってもいいでしょう。農業はもちろん、商業にせよ、工業にせよ、日本という国家そのものがある意味で自然に依拠して、そこからつくられるものを重視しました。言葉のイデオロギーで作為的につくろうとしたことはほとんどありません。

だから日本の歴史を見ると、必ずしも進歩史観では割り切れないものがあるわけです。

たとえば、十六世紀にもたらされた鉄砲は、豊臣秀吉の刀狩で取り締まられました。本来こうした戦争兵器は一度つくられるとその技術を保持し、改良させていくというのが西洋各国のあり方です。ところが、日本は刀狩でそれが止まってしまいました。そのため明治近くになっても武士は相変わらず刀を中心に動いていたのです。幕末・明治期に外国と接触したときには大きな軍事力の差がついていました。

開国か鎖国かという問題も、軍事力さえあれば簡単に開国できたはずですが、それがなかったために鎖国をしておくほうが日本を守れるかのごとく思っていた節があります。

嘉永六（一八五三）年にペリーが浦賀にやってきます。翌年には江戸湾に強行突入してきました。それまで長崎の出島だけを外国との折衝場所として指定してきましたが、ペリー艦隊は約束を破って江戸までやってきて、日米和親条約を締結するのです。

この軍事力の差が明治維新を生んだといってもいいと思います。もし日本が織田信長時代の軍事力を維持していたとしたら、こうした差は感じなかったに違いありません。しかし、軍事力は平和な時代には無用なものだという認識が日本にはありました。そのため、戦争のための武器を発展させる必要はないという考え方になったのです。この遅れが、攘夷は簡単なことではないという諦めにつながり、ペリー来航以降の西洋諸国との外交交渉に反映されていくのです。

嘉永七（一八五四）年三月、アメリカと日米和親条約を締結し、開国を強いられた幕府は外交政策の方向転換を迫られました。同年八月、江戸湾にお台場を建設して大型船の建造をはじめました。そして、オランダに軍艦と鉄砲、兵書などを注文しています。

安政五（一八五八）年、井伊直弼《なおすけ》が大老に就任します。井伊大老は米・蘭・露・英・仏の五カ国と修好通商条約と貿易章程《しょうてい》からなる安政五カ国条約を締結し、外国奉行を設置しました。しかし、これは明らかに不平等条約といわれる条約であったため、後に井伊大老の暗殺にまで発展します。

このとき孝明《こうめい》天皇が条約締結に不満の勅諚《ちょくじょう》を下しました。これは天皇を中心とした攘夷、あるいは外国に対抗する手段を考えはじめたともいえます。維新の王政復古によって天皇親政がはじまるより前の、すでにこの段階で天皇の力が働いていることがわかります。

五カ国条約を締結したことにより、これらの国と輸出入が行われるようになり、そのための外国人の居住、営業という内地での活動が許されるようになりました。横浜港で大半の輸出入が行われたところから、横浜は非常に大きな港になりました。つまり、江戸に非常に近いところに外国人たちがやってくるという状態になったわけです。これは日本人に欧米の侵略を間近に感じさせることになりました。有名な「泰平の眠りを覚ます上喜撰《じょうきせん》たった四杯で夜も眠れず」という狂歌には、欧米の軍事的な圧力を感じはじめた世の中の様子が描かれています。

これがその後の政治の動きに反映されました。条約を結んだ井伊直弼が反対者を捕縛して殺した安政の大獄をはじめると、桜田門外の変で暗殺されてしまいます。将軍の後見問題も絡んで幕府が大きく揺れ動きはじめました。この間、徳川家茂《いえもち》と和宮の婚儀が江戸城で行われ、皇室と幕府との関係を緊密にしようとした動きも見られましたが、幕府ではもう海外の勢力に対抗できないということが顕在化していきました。

◉幕府を崩壊へと導いた薩英戦争と下関戦争

文久二（一八六二）年に生麦事件が起こりました。島津久光《ひさみつ》が江戸から薩摩へ帰る途上、大名行列の中に騎馬のまま乱入してきたイギリス人三人を薩摩藩士が殺傷した事件です。現在の神奈川県鶴見区にある生麦という場所で起こった事件が、大問題に発展しました。

この事件は当時の外国と日本の関係をよく表しています。乱入したイギリス人はリチャードソンという商人ほか四名でした。彼らは日本における藩主の権威を示す大名行列に出会ったときに、道を譲らず横切るように馬で進もうとしました。だから、護衛の武士に排除されるのは当然です。日本の文化を熟知していれば、大名行列が一つの儀式的なもので、これを乱すことは大名の威厳にかかわると理解できたはずです。ところが、それを知らずに傲慢に振る舞ったため、罰を受けたわけです。実際、当時のニューヨーク・タイムズなどは非がリチャードソンらにあると書いています。

これが大問題になったのは、日本が不平等条約によってイギリスの治外法権を認めさせられていたからです。日本側にはイギリス人を裁く権利がなかったのです。イギリス側からいえば、イギリス人は日本の法律に従う必要はないということになります。日本の国内法では無礼討ちが認められていようとも、外では認められないということです。

これによってイギリスは幕府に謝罪と賠償金を要求し、薩摩藩には犯人の処罰と賠償金を請求しました。幕府は賠償金を支払いましたが、薩摩藩は支払いを拒否しました。それにより文久三（一八六三）年に薩英戦争が勃発しました。

薩英戦争では圧倒的なイギリス軍の力で鹿児島城下の約一割が焼失したといわれていま

す。砲台や弾薬庫も損害を受けました。一方でイギリス軍も予想外の損害を被り、死者十三名、負傷者五十名を出しています。薩摩側は死者五名、負傷者十八名ですから、犠牲者の数はイギリスのほうが多かったのです。

この結果を見て、イギリスは日本を警戒しました。清のように簡単にはいかないと感じたのです。日本が明治以降、強力な外敵の侵略に耐えられた理由は、薩英戦争で薩摩が善戦したというところにあると思います。では、なぜ薩摩藩が善戦できたかといえば、実は先に名前を挙げたグラバーから武器を買っていたからなのです。

文久三年と四年には長州藩と英・仏・蘭・米の四カ国の間で下関戦争が起こっています。これは馬関《ばかん》海峡（関門海峡）を通過する外国船を長州藩が砲撃したことに対し、四カ国の連合艦隊が反撃したという事件です。

先に述べたように、孝明天皇が詔を発して幕府に攘夷を命じました。それを受けた長州藩は沿岸に砲台を築き、下関に千人の兵隊を集結させて、馬関海峡を通る外国船を待ち受けました。幕府が攘夷の実行期限を五月十日に定めて奏上すると、長州藩はアメリカ商船を砲撃して追い払い、フランスの戦艦やオランダの軍艦にも砲撃しました。天皇の命令どおり攘夷を行ったわけです。

当然それだけでは済みませんでした。六月一日になるとアメリカ軍の軍艦が下関に侵入し、強力な大砲で長州の戦艦三隻に襲いかかり撃沈・大破させました。その後フランスの軍艦がやってきて砲撃し、長州藩の砲台を無力化しました。

四カ国連合の攻撃が近いと知った長州藩の伊藤俊輔《しゅんすけ》（博文）と井上聞多《もんた》（馨《かおる》）は留学先のイギリスから急きょ帰国し、戦争回避のためにイギリスと交渉をはじめました。しかし、交渉がまとまる前に四カ国連合艦隊が下関にやってきました。連合艦隊は大砲二百九十一門、兵員五千十四名という陣容で、日本全体を占領する勢いでした。対する長州藩はほとんど無力の状態で、大砲は百二十門、軍艦はただ一隻しか残っていませんでした。

まさに日本は侵略されかけたわけですが、ここでイギリス政府が四カ国連合軍の動きを阻止するかのごとく、軍事行動を禁止する訓令を出しました。これには外交的な意味合いがあったと思われます。日本と全面戦争をするにはまだ機が熟していないという判断があったのでしょう。その判断の裏に薩英戦争の結果が影響していたことは間違いないでしょう。薩英戦争の経験が下関戦争のときに強く働いたわけです。

元治元（一八六四）年七月、幕府と朝廷という権力と権威の間で禁門の変という事件が起こりました。これは長州藩の勢力が京都守護職の任にある会津藩主・松平容保《かたもり》を排除しようと挙兵して、京都市で市街戦を繰り広げた事件です。長州藩と幕府が大砲を投入して戦闘を行い、戦火によって約三万戸の家が焼失しました。

この戦いで長州藩は敗北し、朝敵となりました。その後、幕府は第一次長州征伐を挙行し、長州藩は窮地に陥りました。この争い以後、幕府方と開国派、つまり長州や薩摩との間で戦いが繰り広げられるのです。

この事件が起こったころ、薩摩藩はむしろ幕府に加担していました。しかし、禁門の変のあと、坂本龍馬をはじめとする土佐の人たちが長州と薩摩の間に立って同盟を働きかけます。その結果、慶応二年一月（一八六六年三月）に薩長同盟が結ばれました。

これによって幕府の攘夷の方針が崩れていきました。薩長がこれだけ強い態度に出たのは、明らかに薩英戦争、長州戦争の経験があったからです。両藩は外国との関係を軍事面と外交面でいかにしのぎ、戦っていくかを知っていたのです。

慶応二年六月、幕府は第二次長州征伐を開始します。長州藩は高杉晋作の組織した奇兵隊などによって反撃します。そんな中、七月に将軍・徳川家茂が大坂城で亡くなります。これにより朝廷から停戦の勅命が下り、幕府と長州藩の間でも停戦合意が成立します。

家茂が亡くなったあと徳川慶喜《よしのぶ》が第十五代将軍になる間に三カ月半の将軍空位期があり

ました。将軍となった慶喜は懸命に立て直しを図りましたが、もう時遅しです。薩長は、土佐藩や肥前藩を巻き込んで外国人の排撃を主張し、実行するようになりました。開国派だった薩長が尊皇攘夷の旗印を掲げて徳川幕府を倒すという世論をつくり上げていく方向に転じたわけです。十二月に孝明天皇が疱瘡《ほうそう》のために崩御され、全国的にさまざまな反幕の動きが続く中、王政復古が行われることになりました。

この間の薩長の動きと幕府の関係はよく知られています。坂本龍馬が活躍し、薩摩の西郷隆盛と長州の桂小五郎（のちの木戸孝允《たかよし》）の間で倒幕の密約が交わされました。それが功を奏して、徳川慶喜自ら大政奉還を上奏して将軍職を辞することになるわけです。こうして江戸時代は終わりを告げることになりました。

第十二章

明治維新——西洋文明との格闘、そして独自性の追求

◉明治維新は、革命ではなかったという重大な事実

慶応三（一八六七）年、十五代将軍**徳川慶喜**は、京都二条城で、政権を朝廷に返上すると発表しました。**大政奉還**です。朝廷は**王政復古の大号令**を発し、天皇を中心とする新政府をつくることを宣言しました。

天皇が政治を行うのは平安時代以来です。その後も後鳥羽上皇や後醍醐天皇は親政を目指しましたが失敗しています。また聖武天皇や桓武天皇までの治世には確かに天皇親政という時代がありましたが、それも大概は摂政関白や関係氏族が政治を執り行いました。詔を発するのは天皇ですが、その内容は合議制で決められていました。

しかし新政府は倒幕派で固められたために、それに不満を抱いた幕府側と新政府軍との戦いが起こりました。**戊辰《ぼしん》戦争**です。そして、官軍となった薩摩、長州連合の軍隊が勝利したのです。

慶応四（一八六八）年五月三日、**勝海舟**が幕府を代表して薩長側の**西郷隆盛**と会談し、江戸城が無血開城されました。もし江戸で戦争が行われていれば、英・仏・蘭・米の四か

国が介入してきて、日本は占領・植民地化される可能性があったでしょう。外国勢力が虎視眈々《たんたん》と日本支配をねらっているときに、日本人同士の戦いは敵を利する以外ないことを二人ともよく知っていたのです。

この無血開城は勝海舟と西郷隆盛の手柄のようにいわれますが、その思想の原点は神話の時代に天照大神（アマテラスオオミカミ）と大国主命（オオクニヌシノミコト）の間で行われた国譲りにあったと私は考えています。日本の互譲の精神、戦いを回避して犠牲者を出さないという精神が連綿として生きていたのです。常に自国内の争いを避けてきたことが、日本が外国から侵略されなかった理由です。内戦は外の勢力が入り込む大きな要因になるのです。

慶応四（一八六八）年、明治天皇が新しい国家の方針を神々に誓うという形で**「五箇条の御誓文」**を発表しました。

「一　広ク会議ヲ興《おこ》シ、万機《ばんき》公論ニ決スヘシ
一　上下《じょうか》心ヲ一ニシテ、盛《さかん》ニ経綸《けいりん》ヲ行フヘシ
一　官武一途《いっと》庶民ニ至ル迄《まで》、各《おのおの》其《その》志ヲ遂《と》ゲ　人心ヲシテ倦《う》マサラシメンコトヲ要ス

一　旧来ノ陋習《ろうしゅう》ヲ破リ　天地ノ公道ニ基《もとづ》クベシ
一　智識ヲ世界ニ求メ　大《おおい》ニ皇基《こうき》ヲ振起《しんき》スベシ」

これは次のような意味になります。

一　広く会議を開いて、すべての政治は世論に従い決定すべきである。
一　統治者と人民が心を一つにして、盛んに国家統治の政策を行うべきである。
一　公衆と武家が一体となって庶民に至るまで、それぞれが志を遂げて、人々の心を倦《あ》きさせないことが必要である。
一　古い悪習を破り、国際法に基づくべきである。
一　智識を世界に求めて、大いに天皇政治の基礎を盛んにするべきである。

ここには民主主義の精神がうたわれ、伝統と文化との調和が語られています。その後の近代主義、マルクス主義の平等論者にとっては「上下心を一にして」という言葉が批判すべき言葉となりましたが、二十世紀に平等を目指した社会主義が滅亡した事実から、この言葉が、逆に正しいものとして再認識されなければなりません。それは階級として人間社会には上下があるというのではなく、役割としてあるべきだという意味だからです。それでなければ組織は成り立たないのです。

この五箇条の御誓文は聖徳太子の十七条憲法によく似ていると思います。十七条の内容が五条にまとめられたかのようです。

同年九月、年号は明治と改められ、明治天皇は京都から東京に移られて、江戸城が皇居となり、**明治維新**がはじまりました。しかしそれは革命ではありませんでした。革命とは過去を断絶する改革ですが、この改革は過去の連続性の上に立ったものでした。明治天皇の存在そのものがその証です。

◉明治の骨格をつくった徴兵制と教育勅語

軍隊をつくるために徴兵制を導入することを提案したのは大村益次郎《ますじろう》でした。しかし、彼は暗殺されてしまったため、山県有朋《やまがたありとも》があとを引き継ぎました。そして明治五（一八七二）年に兵部省が陸軍省と海軍省に分かれ、「徴兵令」が敷かれることになりました。徴兵令は国民皆兵、つまり国民が国を守るという考え方に基づいていました。

これに伴い、武士という階級が消滅しました。同時に士農工商という階級もなくなりました。その結果、職業の自由な選択が可能になりました。旧公家・大名は華族となり、武士は士族として政府から家禄を与えられましたが、この制度は明治九（一八七六）年で終わります。

この明治九年に廃刀令が出ました。これで武士が刀をもてなくなりました。武士は官僚にするという方針が出ていましたが、役人になれなかった武士たちをどうするかという問題が出てきました。そうした武士の不満がきっかけとなって起こったのが明治十（一八七七）年の西南戦争です。西南戦争では、武士たちの不満を西郷隆盛が引き受けて政府と対立するという形で戦い、敗北しました。これで問題は決着するのですが、この結末は悲劇だったといっていいでしょう。

明治二十三（一八九〇）年、初めて衆議院選挙が行われ、第一回**帝国議会**が開かれました。

これに先立って、天皇の名によって**教育勅語**が発布されました。

「朕惟《ちんおも》フニ我ガ皇祖皇宗国ヲハジムルコト宏遠ニ徳ヲ樹ツルコト深厚ナリ」

最初の一行で、天皇の存在が国の根幹であることを示し、天皇の存在が日本の伝統の中心であることを明らかにしています。

教育勅語は次に、国民は父母に孝行し、兄弟は親しみあい、夫婦は仲むつまじく、友人を信じあい、つつしみ深く、高ぶってはいけないといっています。民衆は広く愛を及ぼし、学問を修め、技術を学び、知識を向上させ、人格を高め、進んで国家社会の利益を拡大し、国家に危急の事態が起こったときには、進んで公共のために尽くさなければならないと国民の道徳的な務めを述べます。国民にとって道徳や教育が肝要であるということです。

これも聖徳太子の「十七条憲法」に通じるものです。人間の道徳律を何よりも重んじているといえるでしょう。

明治二（一八六九）年に**版籍奉還**、明治四（一八七一）年に**廃藩置県**が行われました。全国の土地（版）と人民（籍）が朝廷に返還され、藩にかわって県が置かれたのです。それまで藩の領主に納めていた年貢が政府に納める税となりました。

戦後、多くの歴史書は、明治維新は天皇絶対の帝国主義であると記してきました。みなさんが学んだ教科書にも、似たような批判が書かれていたのではないでしょうか。しかし、いまでも天皇がおられるように、日本の原則は長い間培われてきた伝統的な力にあることを知らなければなりません。

この原則があって、日本人は自由闊達《かったつ》に生きてきたのです。そのことを大事に思うなら、伝統は尊重しなければなりません。

この原則は今日も続いています。戦後アメリカから来た民主主義や、旧ソ連から来た社会主義の言葉にかき消されて表に出てこなかっただけで、日本の「近代」は以前からの連続性の上に成り立っているのです。

◉神道国教化の失敗と神仏習合の継続

明治という新時代に飛鳥・奈良時代の律令制が復活し、それを基礎として新たな統一国家をつくるという方針が掲げられたとき、宗教面では神仏習合をやめて神道を国教化しようという動きがありました。それにしたがって発令されたのが慶応四（一八六八）年の「神仏分離令」です。これにより、寺院や仏像を破壊しようとする廃仏毀釈《はいぶつきしゃく》運動がはじまりました。

しかし、西洋諸国の抗議により明治六（一八七三）年に耶蘇《やそ》教禁止令が解かれてキリスト教が認められるようになると、神仏分離令も実情にそぐわないと理解されるようになりました。宗教に対して日本は寛容でいいし、政府が介入すべきではないという認識が生まれたのです。その結果、神道は宗教ではないという見解が出され、神道国教化は失敗に終わりました。

かといって神道が軽視されたわけではありません。神仏習合というのは仏教の神道化あるいは日本化です。つまり、神道と仏教は対立的なものではないのです。だから、これ以後も人々の内心では、共同宗教としての神道と、個人宗教としての仏教やキリスト教という形で神道は残っていくのです。

明治新政府は基本的に神道に戻ることを目指していたわけですが、神仏習合のままで問題はないし、それは天皇の位置づけとも矛盾しないという結論に至ったのです。天皇も神道における祭祀王という立場を一貫して続けられますが、同時に仏教徒でもあるという形は変わらなかったわけです。

◉流れ込む西洋思想との格闘の中で生まれた明治の文化

明治五（一八七二）年に「学制」が発令されました。これはフランスの学制に学んだといわれます。玉松《たままつ》操《みさお》とか平田鉄胤《かねたね》、矢野玄道《はるみち》、渡辺重石丸《いかりまろ》という神道学者たちは、七、八世紀の律令制の時代にあった大学寮をモデルにした「学舎制」という案を主張しました。しかし、大久保利通《としみち》や木戸孝允の意向で方針が変わり、西洋的な教育機関の整備をすることになりました。

日本には幕末以来の蘭学塾や漢学塾、幕府自身がつくった洋学教育機関である開成所（蕃書調所《ばんしょしらべしょ》）がありました。この開成所は明治元（一八六八）年に開成学校となり、のちに東京大学となりました。明治期の高等教育機関は基本的に日本人の指導層を育てるという役割でつくられていくのです。

この時期に重用されたのがお雇い教師です。岩倉使節団が欧米を歴訪した折、日本がキリスト教を禁教にしていることをアメリカのグラント大統領、イギリスのヴィクトリア女王など欧州各国の指導者が非難し、撤廃を申し入れました。それを受けて明治五年に井上馨《かおる》が「教徒釈免の建議」をし、すでに述べたように、その翌年、耶蘇教禁止令を解きました。これが契機となって、キリスト教が入ってきました。同時に、外国人のお雇い教師もたくさん来日するようになりました。日本はキリスト教を受け入れましたが、キリスト教徒が増えたわけではありません。結局、日本にキリスト教が定着しないのは制度の問題ではなく、神道に基づく伝統文化が相変わらず継続していたからだったのです。

明治十（一八七七）年、東京大学が最初の総合大学として設立され、外国人教師によって指導が行われました。これによってヨーロッパの「近代」的な学問を取り入れようとしたのです。また、民間でも慶應義塾（一八六八年）や同志社（一八七五年）、東京専門学校（一八八二年、のちの早稲田大学）などが設立され、学問の振興が叫ばれました。

しかしこれは、西洋中心主義の歴史観や進化論の無批判な受け入れにつながるという側面ももっていました。西洋の学問を理想化し、日本の文化、歴史の価値を低める傾向を生んでしまったことは否めません。

このような大学の知的傾向に対して、新聞、雑誌などのジャーナリズムは、自らの意見を出すことに活発でした。**福沢諭吉**は、文明の進歩は政府ではなく民間の人々の努力によってなされると強調しました。中江兆民《ちょうみん》は儒教思想の上にフランスのルソーの思想を取

福沢諭吉（国立国会図書館蔵）

り入れ、民主主義とは人間の道徳的完成を目指す制度であると説きました。

西洋中心主義であったこの時代にも、日本の文化と伝統を引き継ぎながら新たな状況に対応しようとしていた人たちがいます。福沢諭吉は『学問のすゝめ』や『文明論之概略』で西洋の進歩史観を取り入れています。あたかも西洋の学問を学べといっているようですが、根底にあるのは取り入れられるものを取り入れ、違うものは違うと認識することが大事であるという考え方です。実際、福沢は西洋の見方を理解しようとすると同時に、天皇の存在を非常に高く評価しています。それは齟齬《そご》のように見えますが、日本のあり方にうまく即しているわけです。

中村正直《まさなお》の翻訳した『西国立志編』や『自由之理』といったものが啓蒙活動に使われ、土佐藩の自由民権運動と連動して中江兆民や植木枝盛《えもり》とか馬場辰猪《たつい》などの考え方が多くの人に注目されましたが、決してそういう動きだけが強かったわけではありません。同時代に佐佐木高行《ささきたかゆき》、元田永孚《もとだながざね》、井上毅《こわし》、品川弥二郎らの保守的な勢力も強かったことを忘れてはいけません。

明治二十年代になると、徳富蘇峰《とくとみそほう》が士族にかわり平民が活躍する平等な時代が来たと宣言し、若い世代の共感を呼びました。また井上馨の条約改正交渉を批判し、三宅雪嶺《みやけせつれい》や陸羯南《くがかつなん》が日本国民としての自覚を説きました。

明治三十年代になると、社会主義思想が登場しました。社会主義は資本主義の成熟の上に成り立つというものでしたから、当時の日本には適合しないものだったのですが、それはあまり考慮されませんでした。すでに日本は帝国主義国であると主張する人もいて、それを打倒する社会主義の主張がなされたりしました。キリスト教信仰による日本人の精神再生を説く内村鑑三《かんぞう》のような人もいました。

日本の文学の新しい出発点となったのは、坪内逍遙《しょうよう》の『小説神髄』です。勧善懲悪の思想から離れて、写実を重んじることを主張しました。この影響を受けて二葉亭四迷が口語体で『浮雲』を書きました。

人間の自由な感情を重視するロマン主義も、日清戦争前後に流行しました。北村透谷《とうこく》、島崎藤村《とうそん》、樋口一葉らが活躍したことが知られています。

森鷗外はヨーロッパ文学を紹介し、晩年には日本の歴史小説も書きました。夏目漱石は近代個人主義の「自己本位」を説き、『吾輩は猫である』『明暗』などを書いて、日本の近代文学の成立に大きな役割を果たしました。この二人はそれぞれドイツ、イギリスに留学し、その経験から日本人とは何かを探りましたが、西洋人の個人主義との違いを感じ、その苦悩は深いものがありました。

◉世界の耳目を集めた岡倉天心の『日本の目覚め』

美術では、欧米崇拝の風潮の中で、東大の外国人教師であったフェノロサの指導と岡倉天心によって、日本の伝統芸術が復興します。

岡倉天心は狩野芳崖《ほうがい》、橋本雅邦《がほう》らと東京美術学校を設立しました。その中から、横山大観《たいかん》、菱田春草《しゅんそう》などによる、西洋の画法を取り入れた新しい日本画が出現しました。

洋画ではワーグマン（イギリス人画家・漫画家。幕末に来日。日本初の漫画雑誌『ジャパン・パンチ』を創刊）に師事した高橋由一《ゆいち》、外国人教師としてやってきたフォンタネージ（イタリア人画家。日本人に洋画を指導）の影響を受けた浅井忠《ちゅう》などが、写実的な絵画を描こうとしました。確かに日本では新しい試みではありましたが、やはり折衷の弊は免れず、力強い作品はなかなか生まれませんでした。フランスのアカデミズムを学んで帰国した黒田清輝は明るい光を描いて、外光派といわれました。

いずれもヨーロッパの画風を日本でどのように応用するかに苦労したにすぎないのです。

一方、文人画の伝統を継承しながら、西洋の表現主義の作風と同じものをもった富岡鉄《てっ》斎《さい》のような画家も現れました。興味深いのは、この画家こそが、伝統を継いでいたのですが、同時に、西洋の画家と同じような、ゴッホに通じる表現主義的な線描により、まさに世界の先駆となっていたことです。ブルーノ・タウト（ドイツ人建築家。『ニッポン』『日本美の再発見』などの著作がある）は、鉄斎をセザンヌとゴヤと並べて、十九世紀の三大画家としていますが、そのとおりだと思います。

彫刻では高村光雲が写実的な木彫を制作し、ロダンに師事した荻原守衛《おぎわらもりえ》は西洋風な近代彫刻をつくりました。しかしこれらは西洋技法との妥協にならざるを得ませんでした。音楽では、洋楽の輸入によって西洋歌謡を模した唱歌が小学教育に取り入れられ国民の間で親しまれました。特に滝廉太郎は『荒城の月』『花』などを作曲し、日本人の心をとらえたことで知られます。

しかし、明治期の文化はまだ西洋文化を消化しきれず、模倣ととられる面が多かったことは、やむを得ないでしょう。国際的な活躍をしたというところまではいきませんでした。西洋文化を理解するための試みは確かにあったのですが、江戸時代のようにそれを超えた新しい創造には至らなかったのです。

岡倉天心（茨城県天心記念五浦美術館蔵）

その中でも、岡倉天心は注目に値します。明治三十六（一九〇三）年に英文で『東洋の理想』を書きました。これは英語だけでなくフランス語、ドイツ語に翻訳され、欧米の読者に読まれました。そこには日本美術に対する深い理解があります。日本には「アジアは一つ」とする東洋美術の一大博物館があると述べています。これはアジア統一のイデオロギーとなり、大東亜戦争の理論にまで発展することになります。

明治三十七（一九〇四）年、岡倉天心の『日本の目覚め』（The Awaking of Japan）がニューヨークで出版され、発売と同時にベストセラーになりました。時のセオドア・ルーズベルト大統領も感心したといいます。それほど日本に関心がある時代だったのでしょう。

日本は伝統を失わずに近代国家建設に成功したことを述べています。当時は黄色人種が白人に禍《わざわい》をもたらすという黄禍《こうか》論がはびこっている時期でしたが、岡倉天心はこれに対して、白人こそアジアに禍をもたらしていることを堂々と述べています。明治維新を代表する日本人の論客がいたことを、忘れてはならないと思います。

◉戦前から民主主義ははじまっていたという忘れてはならない事実

幕末に結ばれた不平等条約を改正することは、外交に課せられた課題でした。明治新政府は明治四（一八七一）年十二月二十三日から明治六（一八七三）年の九月十三日にかけて、岩倉具視《ともみ》を全権大使とし、大久保利通、木戸孝允、伊藤博文、山口尚芳《なおよし》を副使とする総勢百名を超える大がかりな使節団を欧米に送りました（**岩倉使節団**）。近代化、西洋化を急ぐために西洋各国のさまざまな社会制度を研究するとともに、不平等条約の改正のための下交渉を目的としていました。

この使節団によって得た情報といえば、それは帝国主義的な欧米のあり方であったといえます。欧米と同じように侵略国になるというのではなく、それと対抗できる日本を制度的にも準備することであったのです。使節団の一員である大久保利通は、政府の指導と資金を使って近代産業を育てる**殖産興業**政策を行ったのです。

すでに触れた岩倉使節団には多数の政治家や役人のほかに若い女性も交じっていました。津田梅子（八歳）、永井繁子（九歳）、上田悌子《ていこ》（十六歳）らで、彼女たちはアメリカに留学生として送られました。日本人は何かを学ぶときには、多くの人を参加させて、さまざまな意見交換をしながら、みんなで吸収しようとします。これは聖徳太子以来の伝統です。意見交換することでお互いに和していくというあり方です。岩倉使節団もそういう考え方で行われました。多数で行くことによって、西洋を学ぶことが一方的にならず、さまざまな選択が可能になります。日本のいいものを残しながら、さらに西欧のいいものを吸収することができるのです。

明治五（一八七二）年に太陰暦（月暦）から太陽暦に変えられました。このような実用面では西洋化を厭《いと》わなかったのです。洋服、帽子が着用され、洋風建築が造られました。このころ、多くの新聞や雑誌も発行されました。福沢諭吉の『学問のすゝめ』が読まれ、身分ではなく実力がものをいう、独立自尊の精神が説かれました。

日本にも明治以降、産業革命が起きています。機械を備えた工場で大量生産が行われるだけでなく、社会全体がその生産システムを維持していく体制になったのです。**日本銀行**が設立され、金融制度が整えられて、資本主義が発展していきました。交通網が発達し、社会的産業基盤（インフラ）が充実しました。これにともなって労働者が増え、日清戦争後は労働運動さえはじまったのです。

大正時代になると、普通選挙などの社会運動が盛んになり、婦人運動も行われました。大正十四（一九二五）年には普通選挙法が成立し、納税額にかかわらず二十五歳以上の男子全員に選挙権が与えられました。そして、その三年後には第一回の普通選挙が行われ、政党政治が行われるようになりました。

もう、おわかりでしょう。民主主義は戦後にはじまったものではないのです。戦前からはじまっていたのです。それは法律的、制度的な意味での民主主義です。しかし道徳的な意味での民主主義は、すでに述べたように飛鳥時代の「十七条憲法」のころからだったということをいうべきだと思います。日本の伝統の「和」の精神は途絶えていません。

◉日本文化の独自性を追求した大正時代の作家たち

近代産業の発展とともに都市生活者が増え、都市を中心にした生活ができていきます。それは文化の大衆化の始まりでもありました。と同時に、画一化といってもよいものでした。バスや鉄道が人を運び、デパートができ、女性の洋装化がはやり、カレーライス、コロッケ、トンカツなどが食べられ、今日に至る都市生活の原型が出来上がりました。こうして表面的な西洋化、近代化は続きましたが、日本人の心性は変わっていません。

大正十二（一九二三）年、**関東大震災**が起きました。死者が十万人を超える大災害でしたが、それまで残っていた江戸から近代都市東京へと様相を一変させることにもなりました。震災の影響で明治時代につくられた煉瓦《レンガ》造りの西洋的な外観をもつ建物の多くが崩壊しました。これを見た日本人は、以後、地震に耐えられる建物をつくることに腐心するようになりました。銀座にあった洋風建築群が再建されることはありませんでした。

そのあと環状道路や放射状の道路が日本でもつくられるようになりました。これは道路を中心とする自動車社会の到来の前ぶれとなりました。

大正文化は、まさにその都市文化を体現しようとしたものでした。

明治の文化は、西欧と対峙する国家という観念がまだ大きな要素をもっていましたが、大正期になると、西洋の影響で個人に目を向ける傾向が強まりました。西洋的な知識が教養であるとされたのもこの時期です。

大正文化は人道主義をかかげた志賀直哉《なおや》、武者小路実篤《むしゃのこうじさねあつ》などの白樺派、耽美《たんび》的な作風の谷崎潤一郎、理知的な作品を書いた芥川龍之介などを輩出しました。ロシア革命の影響でマルクス主義の見地から労働者の生活を描くプロレタリア文学も生まれました。『蟹工船』などが書かれましたが、図式的なものが多く、すぐれた作品は生まれませんでした。

日本の禅を西洋的な言葉で語ろうとした西田幾多郎《きたろう》、日本の民俗学を開いた柳田国男などの学者、パリに画家として留学し、エコル・ド・パリの寵児になった藤田嗣治《つぐはる》などもいました。

いずれもが西洋の影響を受けながら、日本文化の独自性を追求したのです。

昭和に入って戦争と重なっても、その動きは変わりませんでした。アメリカやフランスの映画は戦前から人気がありましたが、日本の映画監督たちも制作活動を開始していました。

[コラム]明治維新の最大のポイントは律令制の復活にあった

明治維新の王政復古からはじまる天皇親政の実態は奈良時代の律令制の復活です。明治新政府は近代化した西洋の憲法を模倣し、政治システムそのものも西洋の模倣といわれますが、基本は律令制に倣《なら》っています。

奈良時代までの日本は天皇を中心とした中央集権の形をとりました。それが平安時代以降、地方分権の方向に進みましたが、明治維新の版籍奉還と廃藩置県で土地をすべて天皇に返すことになり、再び中央集権という形になったのです。それに合わせて改めて中央集権国家としての法律、機構をつくる必要が生じました。そのときに律令制が用いられたのです。

それは明治初期の行政機構を見れば明らかです。太政官、神祇官といった律令制の二官八省を模して、二官六省制が発足しました。最近まで大蔵省という役所がありましたが、大蔵省は律令制にある言葉です。文部省もそうです。省とつけるのは律令制の二官八省の名残りです。

明治二(一八六九)年につくられた主な組織は、輔相《ほしょう》・議定・参与といったものです。

組織に役職の名前が付いているのも律令制とよく似ています。輔相となったのは三条実美《さねとみ》です。この人は貴族で天皇家の一員です。議定は岩倉具視、徳大寺実則《さねつね》、鍋島直正。参与が東久世通禧《ひがしくぜみちとみ》、木戸孝允、大久保利通、後藤象二郎、副島種臣《そえじまたねおみ》、板垣退助と薩長勢力がここに入ってきます。

明治四（一八七一）年に、太政官は正院、左院、右院の三院に分けられ、その下に八省を置きました。新しい状況に合わせて、民部省から公部省が分離され、刑部省が司法省へ改組されるなどの改変がありました。

明治八（一八七五）年になると、左院は元老院となって立法を、右院は大審院となって司法を司ることになりました。ここに三権分立のおおよその形が出来上がりました。府県長官による地方官会議も設置されて、新しい国づくりの形が整いました。

律令制を真似してはじまったこの新しい行政機構が、自由民権運動や憲法制定などにうまく適応していきました。明治維新というと日本の近代化が強調されますが、実は律令制が復活していたのです。これがもっとも重要なポイントです。

ダーウィンの進化論にマルクス主義が結びついて西洋で生まれた進歩史観という歴史の見方があります。これは時代が新しくなるにしたがって人間も進歩するという考え方をします。だから現代が一番発達していると考えるわけですが、これは錯覚にすぎません。少なくとも日本ではそういう考え方はしません。

日本は自然とともに生きてきた歴史をもつ国です。人間のあり方は自然と同じだからそう簡単には変わらないという見方をします。人間とは自然的存在であり、本来変わらないものなのです。変わらないけれど、自然と折り合いつつ改良していくことができると考えます。それゆえ明治維新のときも、古いものを残しながら、その上に新しいものを適用していくという動きになったのです。

新政府と律令制とのかかわりを象徴的に示しているのが高札《こうさつ》です。高札とは法令を板に書いて往来などに掲示して民衆に周知させる方法で、律令制が取り入れられた古代から明治初期まで続いていました。明治の最初の法律は、この高札という形で出されました。

このように、大政奉還とは律令制の復活だったのです。それ以前の長い期間、権力を中心とした政治が続いていましたが、今後は権威を中心として新たに歩もうと決めたというのが大政奉還だったのです。

第十三章

日清戦争から大東亜戦争まで
――近代化された日本の戦争

◉日清戦争の発端となった十九世紀のイギリス、ロシアのアジア侵略

二十世紀の前半は、日本にとって、世界の戦乱に巻き込まれた戦争の時代でした。日本の歴史上、日本が世界史の中心に登場するのは、元寇《げんこう》で勝利して以来初めてです。この時代に、いかに日本が対処していったかは、日本人の性格、日本の歴史を知る上で重要だと思われるので、少しくわしく語りましょう。

世界では、二十世紀に戦争で死んだ人々の数が実に一億人を超え、十九世紀までに戦争で死んだ人々の数を超えたといいます。技術がいちばん進歩したはずのこの「近代」に、もっとも野蛮な戦争が行われたということは、結局、近代の「進歩主義」精神が、何もその歯止めにならず、軍事技術の発展だけを助長してしまったことを示しています。よく「中世は暗黒時代」といわれましたが、逆であったといってよいでしょう。しかしそれは日本にとって試練の時代でした。欧米列強の侵攻の陰で、日本は唯一アジアの「近代国家」として対抗し、強い大きな位置を占めたことは、歴史の記すところとなります。

この戦争の時代の発端は、十九世紀のイギリスとロシアの戦いでした。このことを述べ

なければならないのは、日本が大陸を侵略したという罪悪感を、戦後の歴史がいつも植えつけようとして、それを**日清戦争**から語りはじめるからです。これ以後の、日本の大陸での戦争を日本の責任のようにいう傾向を否定しておかねばなりません。この時代は、戦争の時代だったのです。イギリスが中国にアヘン戦争をしかけ、香港を植民地にしました。それ以後、イギリスは北に向かってアジアでの侵攻を進めたのです。一方、ロシアは南に不凍港を求めて侵略しようとしていたのです。一八九一年、シベリア鉄道建設に着手したのも、その一環であったといえます。接している国は中国ばかりでなく、朝鮮や日本だったのです。それに対抗するため、明治二十七（一八九四）年、**日英通商航海条約**を結んだといっていいでしょう。

明治の日本は欧米列強のアジアへの介入・侵略にいかに対処するかという問題に取り組まなければなりませんでした。それが日清戦争に噴出します。日清戦争は明治以降の外交と軍事の結節点であると同時に、欧米と日本の力を測る指標となった戦いでした。

幕末から日清戦争が起こるまで、日本が戦争をしないまま国を維持できたのは、日本の軍備の拡張を西洋が認めたからです。その軍事力の証明となったのが日清戦争の勝利でした。初めての国際戦争で勝利したことにより、国際的にも日本は欧米と同等に扱われるようになっていきます。不平等条約を平等化するだけではなくて、日本はアジアの代表国として認識されるようになるのです。

日清戦争は朝鮮半島をめぐる戦いでした。朝鮮は日本にとって白村江の戦い以後、ずっと気になる存在でした。朝鮮との接触は断続的に続いていました。その朝鮮と日本との関係が日清戦争によってより明確化されることになりました。

もともと朝鮮半島は中国によって支配される状態が続いていました。明治の初めに西郷隆盛が征韓論を説いていますが、その理由の一つには、中国の支配に対して朝鮮内部に生まれた抵抗・独立の動きを援助するということがありました。中国も朝鮮も江戸時代の日本と同様、鎖国を続ける意志をもっていました。中国はアヘン戦争によって開国せざるをえなくなりましたが、朝鮮はなおも鎖国を続ける意志が強かったのです。

一八六六年にフランス極東艦隊が江華島に侵攻したときには反撃して撤退させていますし、アメリカ武装商船との間で事件が起きて五隻のアメリカ艦隊がやって来たときも激しく抵抗して撃退しています。このように朝鮮は開国を迫る外国に対して攘夷を続けていたのです。一方、従来の伝統を守って清には従属する形をとっていました。

ところが、海外からの圧力を受けて清の国力が相対的に低下してくると独立の動きが生まれてきました。それは西郷隆盛が朝鮮に対する積極的な態度を表明した時期と重なり、独立を助けるための征韓論という議論がなされていったのです。

ところが、朝鮮内部で氏族の反乱が起きて王朝が弱体化していました。そこに清が強く介入してきたのです。これは日本にとっても放っておける問題ではありませんでした。朝鮮問題は単に清との問題ではなく、ロシア問題でもあったからです。地政学的に見た朝鮮はロシアからの強い圧力に対する防波堤にもなっていたのです。もし朝鮮が崩壊することになれば、日本にとっては非常に危険な状態になります。日本が朝鮮に介入したのは、ある意味で必然だったのです。

このころ朝鮮は宗主国の清の意向に沿おうとする穏健的な事大党（守旧派）と、それを不当とする急進的な独立党（開化派）という二つの党に分かれて争っていました。当然、日本は急進的開化派の独立党を支持しました。

一八八二（明治十五）年、朝鮮の軍人が蜂起して日本公使館を襲撃し、日本人の軍事顧問や大使館員を殺害するという事件が起こりました（壬午《じんご》事変）。このときは日本と清国の両方が朝鮮に出兵しました。その後も居留民の安全を保つために日本が出兵すれば、清が三千人の兵を駐留させて朝鮮への影響力を強めようとするといった事態が繰り返し続きました。日清の分裂で、両国が協調して朝鮮の開国を推進し、欧米列強と協力関係をつくることはなかなかできませんでした。

一八八四（明治十七）年に日本が支援する独立党がクーデターを起こし、王宮を占拠して新政権樹立を宣言しましたが、清の介入で失敗するという事件が起きました（甲申《こうしん》事変）。その後始末として日清両国の間で天津《てんしん》条約が調印されました。これは朝鮮から日清両国が撤退して朝鮮の独立を推進するという内容でした。

日清の撤退によって朝鮮半島に軍事的な空白が生じたところに、イギリスやロシアが進出する動きが出てきました。当然のことながら、これに対抗して日本にも朝鮮を守るという動きが出ました。ここにきて清だけではなくて欧米列強のアジア進出に対していかに日本が対抗するか、日本を守るために周辺国、特に朝鮮と台湾をどうするかという問題が出てきたのです。

それがいかに深刻な問題だったかということは、当時の日本の総予算のうちの五分の一が軍事予算であったところに表れています。あとになって軍事的な拡張が日本の軍事戦略であったかのようにいわれますが、むしろ周辺の状況を考えるとこれだけの軍事予算が必要だったというほうが正しいでしょう。また、そのころの政治家たちは伊藤博文や山県有朋をはじめ多くが武士出身でしたから、軍事力の重要性を認識していたのです。

一八九四（明治二十七）年に朝鮮で東学党《とうがくとう》の乱が起こりました。これは朝鮮政府に不満を募らせた農民軍が全羅道の全州を占領したという事件です。朝鮮政府は清へ援兵を求め、農民軍を抑えようとしました。

英米がこの問題に中立的な立場をとったため、日本は朝鮮に介入する決断をしました。天津条約に基づき、清が朝鮮に出兵した場合は日本も通知をすれば出兵できるという取り決めになっていたため、居留民を保護する目的もあり、兵を派遣する方針を決めたのです。

農民の反乱が収まると朝鮮政府は日清両国に撤兵を要請しますが、両国ともこれを受け入れませんでした。これが日清戦争へと発展することになりました。日本の開戦理由は居留民の保護ということでした。すぐにイギリス外相が調停に乗り出しましたが、イギリスの調停案を清は拒絶しました。あくまで日本の撤兵を主張する清にしてみれば、調停などもともと必要ないわけです。

結局、日本と清は朝鮮をめぐって力をぶつけあうことになりました。戦争は朝鮮だけでなく、満州まで広がり、日本は海戦でも陸戦でも清を圧倒しました。すでに述べたように、アヘン戦争以後、軍隊をつくり、新兵器を装備していたからです。決定的であったのは、黄海海戦と呼ばれる明治二十七（一八九四）年の海軍の戦いです。日本の海軍装備は、清国より速力があり、単縦隊と呼ばれる縦の陣営を繰り出し、敵の艦隊の前面を斜めに横切り、その右翼をつくという戦法で勝利したのです。また速射砲という発射速度の速い巨砲を使い圧倒しました。

フランスの新聞は、そのとき、日本の清兵に対する人道的な行動を絶賛しています。

「全世界に公表すべきことは、清兵は日本兵に対して残酷であったが、日本兵はこれに報復せず、大いに寛大で優遇の処置をもって清軍の捕虜を待遇し、病人にも負傷者としてみな治療をあたえた」（『フィガロ』紙）

それまでの列強は、国際法を無視し、捕虜を虐殺するのが常だったからです。

◉日清戦争の勝利が導いた日英同盟の締結

日清戦争の敗北は、清にとって大打撃となりました。それまでロシア、フランス、ドイツ、アメリカの進出を許していましたが、そこに日本が加わることになったからです。

ここから日本が帝国主義に加わったという認識が出てくるのですが、その経緯を見ると、日本と欧米列強とでは明らかに立場が異なります。欧米列強はほとんど自国と関係ない遠いアジアにまで進出して中国を植民地化しようとしました。また日本に対しても、そうした意図をもっていました。しかし、日本の朝鮮支配は、隣国を助け、それによって自国を防衛するという意図のもとで行われました。

一九一〇（明治四十三）年に日本は韓国を併合します。それから四十年間、朝鮮を日本の一部のように扱いますが、これはロシア・アメリカ・イギリスというアジアを植民地化している大国から日本本土を防御するための一つの方策だったのです。そこが西洋諸国の侵略とは決定的に違います。日本が欧米と同じ帝国主義に入ったという認識は適当ではありません。

日清戦争は日本にとって初めての大きな対外戦争でした。日本は徴兵制をとっていましたから、この戦争で国民共同体としての団結力が生まれました。戦争に勝利するごとに日本人の志気は上がり、国威を発揚することになったのです。それは軍国主義とかファシズムといったものではなく、純粋なナショナリズムの発露です。

日清戦争に勝利した日本は清から朝鮮を独立させました。日本の勝利は清こそアジアの盟主だと思っていた欧米列強の認識を変えただけでなく、アジア諸国は植民地にできるという意識を一変させました。清に勝って日本はアジアの大国の座を奪ったのです。

一九〇二（明治三十五）年にイギリスと**日英同盟**を結んだことがそれを象徴しています。日清戦争の結果を見てイギリスは日本の実力を認め、日本と同盟を結ぼうとしたのです。日英同盟はこのあと長い間、日本の国力を維持するための大きな力となりました。当時のイギリスは西洋を制覇していた大国です。エリザベス女王みずからが「大英帝国は陽が沈むことはない」といっていたほどです。そんなイギリスと同盟を結ぶことは外交的な大きな勝利でした。最強国イギリスから侵略されることがないという保障を得たのです。

◉東西アジアを沸き立たせた日露戦争の勝利

明治二十八（一八九五）年、日本と清国は**下関条約**を結び、戦争は終わりました。清は朝鮮の独立を認め、日本に多額の賠償金を支払い、遼東《りょうとう》半島と台湾を日本に譲ったのです。しかしすでに中国は、多くの西洋諸国に占領されていました。そのため遼東半島を手放すまいとするロシア、ドイツ、フランスによる日本に対する**三国干渉**が起こりました。日本はこれら諸国に対抗できず、半島から離れることになりました。ロシアは朝鮮半島にまで侵出し、明治二十八年に親露政権をつくらせたのです。日本も対抗しましたが、ロシアの朝鮮支配は強まっていきました。

ロシアはイギリスやアメリカに並ぶ力をもつ国として認識されていました。これと戦うことは非常に危険なことでした。しかし、ロシアの朝鮮進出は朝鮮の独立を脅かすだけではなく、日本の侵略をうかがえる位置にまで来るということを意味していました。

ロシアは明治三十三（一九〇〇）年に起こった満州における外国人排斥運動（**義和団事件**）を機会に、兵を出して満州を占領しました。ロシアは南下政策をとっていましたから、この満州と朝鮮の占領に、日本が危機感を抱いたのは当然です。日本はイギリスと組んでロシアと対抗せざるを得なかったのです。

明治三十七（一九〇四）年、**日露戦争**が起こりました。

戦場は朝鮮と満州でした。日本は旅順《りょじゅん》を占領し、奉天《ほうてん》会戦で勝利しました。ロシアはその劣勢をはねかえすために、遠くヨーロッパのバルト海から約七カ月をかけて三十八隻の艦隊を送ってきました。これを迎え撃ったのは、東郷平八郎率いる日本の連合艦隊でした。この欧州最後の艦隊をどのように打ち破ったのでしょうか。そこには、日本海を熟知した日本の陣営と、長旅で疲弊したロシアの違いがありました。

黄海海戦でロシア軍艦隊を攻撃する日本軍連合艦隊（国立国会図書館蔵）

東郷司令官は済州《さいしゅう》島近海からウラジオストック沖にかけて、海上を七つに区分けし、夜昼となく、正攻法と奇襲を相互に活用する戦法をとりました。これを指示したのは秋山真之《さねゆき》でした。縦に進むバルチック艦隊に対し、「丁字《ていじ》戦法」という「取り舵《かじ》一杯」で迎撃する方法で、日本は十九隻の戦艦、巡洋艦を沈めました。そして**日本海海戦**で勝利したのです。このとき日本は司令官をはじめ、六千人以上のロシア兵を捕虜にしました。この戦争全体では、全国二十六カ所に全部で七万三千人ものロシア兵を収容しました。これらの捕虜を大切に扱ったのは、国際的に知られているところです。

しかしこの戦争で、大きな支出を強いられた日本は、さらなる長期戦を好みませんでした。そのときアメリカの仲介で、**ポーツマス条約**が結ばれました。またこの戦争の出費を、ロマノフ王朝に反対していたユダヤ人の資本家ヤコブ・シフが援助してくれました。これは、当時の日本銀行副総裁・高橋是清《これきよ》の活躍によるものでした。この条約で、朝鮮の支配権がロシアから日本に移りました。さらに日本は遼東半島の租借権や、南満州の鉄道の権益、南樺太《からふと》の領有を認めさせました。

日本の勝利は、世界に大変大きな影響を与えました。何よりも、我が国は自国の安全保障を確保することができました。また、アジアの黄色人種の国が、初めて西洋の白色人種の大国を打ち破ったことで、彼らに支配されていた国々や地域の人々の独立心を目覚めさせました。一方、西洋では黄禍論という、黄色人種への警戒が高まりました。

さらにいえば、この戦争の結果は、アジア諸国にとって、欧米列強によって支配されてきたそれまでの屈辱を晴らしたという側面もあったのです。インドのネール首相が「日本の勝利は、アジアにとって偉大な救いであった」と回想していますし、当時のインドの新聞は「日本だけがアジアの名誉を救った」と報じました。「日本人の勇気と規律、鉄のような意志、不屈な力によって勝利を収めた日本に心からの祝意を贈る」(「サメイ新聞」)、「日本の勝利がインド人を覚醒させ、イギリスと対等という前向きの思想に目覚めさせた」(「ヒタバテイ新聞」)と書いているのです。

イギリスの植民地化に苦しんでいたのはインドだけではありません。中国の孫文は「日本がロシアに勝った。これはアジア民族のヨーロッパに対する勝利であり、アジアの諸民族は非常に歓喜し、大きな希望を抱くに至った」と語っています。それ以後、中国からの留学生が増加しました。「日本に学べ」という掛け声はアジア中に轟《とどろ》いたといっても過言ではありません。ヴェトナムからも「米国の虎や欧州の鯨に対して、黄色人種としてはじめて歯止めをかけた。なぜ日本がそれを成し得たか。答えは東京にある」と、日本に留学させる「東遊運動」がはじまったのです。

その影響は、東アジアに限らず、遠くアラブの世界まで広がりました。エジプトでは『昇る太陽』（カミール著）という日本についての本が出されました。それは日本のように一致団結すれば、エジプトもイギリスから独立できるということを鼓舞する内容でした。イランでも『ミカド・ナーメ（天皇の書）』が出版され、天皇を中心に団結して大国ロシアを破り、世界に明るい希望の光を灯したと称えました。イラクでもレバノンでもそのような本が出されました。

特にロシアに悩まされていたトルコでは、日露戦争関連の本が多数出されました。中でもペルテヴ・パシャのものは、「トルコも日本を見習い近代化を進めるならば、決して悲観すべきではない。国家の命運は国民にあり」と述べ、これがのちのトルコ革命の発端となったといわれています。トルコ皇帝の命を受けて来日した使節は「日本の進歩と発展は全東洋世界の願望であり、今日、東洋人は日本人と共同の気持ちをもっております」と伝えました。イスラム教徒でさえ、日本をアジアの盟主とあおぐようになったのです。事実、のちの一九二一年にイスラム教徒代表者会議が日本で開催されたのです。それだけアジア、アフリカの国々が、ヨーロッパ列強の植民地化によって苦しめられていたのです。

◉アジアの理想となった西洋と並んだ日本の「近代化」

日本の西洋と並ぶ「近代化」は、アジアにおける一つの理想となりました。かつて司馬遼太郎が『坂の上の雲』を書き、「封建の世」から目覚めたばかりの日本が、登って行けばやがてはそこに手が届くと思い登って行った「近代国家・列強」を坂の上の雲にたとえました。でも、それは決して「雲」ではなく、すでにつかんだもので、当時それをさらに超えようとした日本があったのです。司馬は、そのことをまだよくわかっていなかったといわざるを得ません。

日清戦争以後の日本には、多くのアジアの留学生がやって来ました。清の留学生の中には、孫文もおり、日本で中国同盟会をつくり、三民主義を唱えて、清朝を倒す運動をはじめました。また文学者の魯迅《ろじん》もいて、最初は仙台で医学を勉強した後、夏目漱石らの影響を受けて「近代化」を意識した作家になったのです。

中国の内部では、清朝を打倒する**辛亥革命**《しんがい》と呼ばれた民衆と軍の反乱が起こり、中華民国が成立しました。南京に集まった革命派の代表の中から孫文が臨時大総統となり、清朝の実力者であった袁世凱《えんせいがい》も革命派と結び、皇帝を倒す側に回りました。しかし、袁世凱は孫文から大総統の名前を譲り受けると、逆に革命派の弾圧に乗り出し、中国は混乱してしまいました。武力をもつ地方政権が大小の軍閥に支配されるようになってしまったのです。

日本が台湾や韓国を併合したことを、植民地化だという人がいます。しかし当時の韓国の高宗《こうそう》皇帝は、日本との条約を推進して、併合に協力していたのです。

「自分で生きていけない国については周辺の国が国際的秩序の観点からその国を取り込むということは、当時よくあったことで、日韓併合条約は国際法上は不法ではなかった」（クロフォード・ケンブリッジ大学教授、二〇〇一年「韓国併合再検討会議」ハーヴァード大学開催）。

事実、そのために日本は広大な鉄道網、電信電話網をつくり、公共建築として工場、学校などを建設しました。大学も京城大学が日本の国立大学と同じように設立されたのです。そのために農業も商業も飛躍的に伸び、輸出は併合五年で三倍になり、港は活気づいたと報告されています。

一方、ロシアは日露戦争に敗れてのち、東アジアでの南下政策をあきらめ、ふたたびヨーロッパへの進出をはかりました。そのロシアには、イギリス、フランスが接近し、**三国協商**が一九〇七年に結ばれました。ドイツはオーストリア、イタリアとともに**三国同盟**を組み、これに対抗しました。この二つの陣営は、しだいに対立を深め、緊張が高まっていきました。その対立がバルカン半島で爆発したのです。一九一四年、オーストリアの皇太子夫妻が、ボスニアのサラエボで親ロシアのセルビア青年に暗殺されたのを機に、この二陣営が戦争をはじめました。単にヨーロッパの事件にすぎなかったのが、植民地をもっていた国々のおかげで世界戦争に発展し、**第一次世界大戦**が起こりました。

日英同盟を結んでいた日本は、三国協商の側に立って参戦し、ドイツにも宣戦布告しました。ドイツが租借地としていた中国の山東半島や青島《チンタオ》、太平洋の赤道以北の島々に進出したのです。中国もドイツに参戦し、青島からの日本の撤退を求めてきましたが、大正四

（一九一五）年、日本は逆に山東省の権益を引き継ぐなどの要求を出しました。これを中国側は「**二十一カ条の要求**」と名づけ、多くの要求をしたとして、その不当を訴えました。

戦争は長引き、疲弊するロシアでは、食糧難にあえぐ都市の市民の暴動に兵士が合流し、ロマノフ王朝が倒されました。レーニンが指導する共産党が、この機会をねらい武装蜂起し、他の党派を議会から排除して、労働者、農民、兵士で代表者会議（ソヴィエト）が権力を握った政権を樹立しました（**ロシア革命**）。このソヴィエト政府はドイツとの戦争を止め、革命に反対する国内勢力との内戦を行い、共産党の敵となる多くの人々を反革命分子として処刑するなど、多くの市民を殺傷しました。反対派を粛清する政府は、独裁政権です。このソヴィエト政府の暗黒が、ヨーロッパ諸国や日本を恐怖させ、警戒させました。日本は大正七（一九一八）年、シベリアに出兵し、大正十一（一九二二）年まで七万二千の兵をとどめさせています。大正十四（一九二五）年には日本国内でも共産主義の危険性を阻止するために治安維持法を成立させました。この共産主義革命への警戒は、七十年足らずで暗黒社会だったソ連が崩壊したことからも正しいものであったことになります。

◉欧米・中国との外交戦の末に起きた満州事変

第一次世界大戦は四年間も続き、**総力戦**として、国民生活を巻き込みました。飛行機、飛行船、戦車、潜水艦など新しい兵器が使われ、参戦国は空襲にさらされました。大正七（一九一八）年にドイツと三国同盟側の敗北に終わりましたが、戦場になったヨーロッパは、大きな戦争の爪痕《つめあと》を残すことになりました。

しかし、日本やアメリカは戦場にはなりませんでした。地の利を得たといってもよいでしょう。結果として、戦後、この二国が国際社会で発言力を強めることになりました。大正八（一九一九）年、パリで講和会議が開かれ、日本は五大国（米・英・仏・伊・日）の一つとして出席し、**ベルサイユ条約**が結ばれたのです。

日本は大戦景気と呼ばれる、空前の好景気を迎えました。軍需品の輸出だけでなく、重工業全体も発展し、アジア地域への輸出が大きく伸びたのです。日本は東アジアの経済大国になったのです。それはまたアジアに新たに進出しようとした、もう一つの大国アメリカとの対立を招くこととなりました。大正十（一九二一）年、海軍軍縮と中国問題を主要な議題とする**ワシントン会議**がアメリカの提唱で開かれ、日本を含む九カ国が集まりました。東アジアの秩序をつくろうとするものでした。そこで米・英・日の海軍主力艦の保有率を五対五対三とすることが決められました。また中国について、九カ国が領土保全と門戸開放などを話し合い、条約が成文化されました（九カ国条約）。

私がこのように欧米史の推移を書いているのも、それが日本の歴史と重なってくるからです。このように世界史の中の日本を素描しないと、日本の歴史の推移もわからないという時代がやってきたのです。グローバリゼーションは現代にはじまったことではありません。戦争というものは、決して政府が一国で起こすものではないからです。

中国では排日運動が盛んになり、ソ連の共産党の影響を受けた中国共産党の動きも活発化してきました。満州には昭和初期に二十万人以上の日本人が住み、一万人もの陸軍部隊（関東軍）が駐屯していました。政府と軍部中央は不拡大の方針をとっていましたが、これらの脅威に囲まれて、日本人が自分たちの防衛のために、なんらかの積極的な手を打とうとする動きが出てきました。満州への脅威に対処できない政党政治に強い不満が生まれてきたのです。

満州事変（昭和六年・一九三一年）は、そのような状態のときに起こりました。関東軍は全満州の主要部を占領しました。そして翌年に**満州国**が建国されました。満州族の清の最後の皇帝であった溥儀《ふぎ》が満州国の皇帝になり、ここで彼らの国を日本人の協力によってつくることになりました。中国は昔から、一民族支配の国ではなく（五十以上の民族がいます）、それぞれの時代における力の関係で、政権が多様に変わっています。あるときは多くの国に分かれていました。現在の中国では、一民族支配のもと、多くの民族が圧迫された状況下に置かれているのを考えると（チベットやウイグル地区がその例です）、この建国は決して非難されるべきことではありません。

そのときあいまいな態度をとった犬養毅《いぬかいつよし》首相が暗殺されました（**五・一五事件**）。むしろんアメリカをはじめ、中国に利害関係のある各国がこれに反対し、国際連盟はリットン調査団を派遣してきました。その報告には、日本の安全と権益が脅かされていた事実を理解していることが述べられていることに注目しておかねばなりません。ただ日本軍の撤兵と満州国の国際管理を勧告したため、日本はそれを拒否し、昭和八（一九三三）年に国際連盟を脱退しました。その後、中国と停戦協定が結ばれ、満州国は急激な経済成長を遂げました。人口が流入し、「五族協和、王道楽土建設」のスローガンが決して嘘ではない国になったのです。

昭和十二（一九三七）年七月に北京郊外で**盧溝橋《ろこうきょう》事件**が起き、中国側からの日本軍への発砲事件が起きました。同年八月には上海で日本人将兵が射殺されました。これをきっかけに、日中間の衝突が広がりました。十二月、日本軍は国民党政府がある南京を攻めたのです。蔣介石《しょうかいせき》は奥地の重慶《じゅうけい》に首都を移し、抗戦を続けました。

支那事変（日中戦争）がはじまりました。昭和十三（一九三八）年には近衛文麿《このえふみまろ》首相が東亜新秩序の建設を表明し、日本・満州・中国を統合した独自の経済圏を提唱しました。ここに東南アジアを含めた大東亜共栄圏の構想が生まれたのです。支那事変では中立の態度をとったアメリカも、この経済圏の構想を認めようとしませんでした。そして蔣介石をアメリカが支持するようになったのです。

この日本でも軍部による政治が行われました。世界が戦争の時代である限り、それは一つの趨勢《すうせい》でしょう。戦後、軍部政治がすべて悪いようにいわれましたが、それを国民の多くが支持していたのです。その政治をただ批判するのは、賢明ではありません。昭和十三（一九三八）年には、国家総動員法ができ、昭和十五（一九四〇）年には統制経済がはじまり、また政党は解散させられて**大政翼賛会**が結成されました。ほとんどの国民がそれを支持したのです。

昭和十四（一九三九）年、アメリカは日米通商航海条約を破棄し、石油をはじめ、多くの物資をアメリカからの輸入に頼っていた日本には大きな打撃となりました。そこで石油の資源を求めて、東南アジアに進出する計画を立てました。しかしそこに植民地をもつイギリス、アメリカ、オランダ、フランスとぶつからざるを得ない事態になったのです。

◉日本が引き込まれていった大東亜戦争

昭和十五（一九四〇）年、日本はアジアにおける日本の立場を有利にするために、日独防共協定にイタリアを加えた**日独伊三国軍事同盟**を締結しました。イギリス、アメリカなどと対立関係になっていった当然の帰結です。昭和十六（一九四一）年にはソ連との間に日ソ中立条約を結び、アメリカと対立する方向に向かいました。米・英・中・蘭の四国はまさに日本を追い込む包囲網（ＡＢＣＤ包囲網）を形成したのです。

同年の昭和十六（一九四一）年、日本の陸・海軍はヴェトナムのサイゴンに入りました。ここが日本の南進の拠点となりました。それに対し、アメリカは在米日本資産を凍結し、対日石油輸出を全面禁止して対抗してきました。経済封鎖をしかけてきたのです。八月には米英は、大西洋憲章なるものをうたって、日本の進出を牽制《けんせい》してきました。日本は必死になってワシントンでアメリカと交渉しましたが、進展は見られませんでした。当然です。そのころのアメリカは決して平常な状態ではありませんでした。失業者が多く、労働運動も激しく、ルーズベルト大統領自身がソ連に好意的で、それを抑える手段を知らなかったのです。ニューディール政策といいながら、それは社会主義的な性格を帯びていたのです。景気回復もできず、人々の不満も大きく、アメリカ自身が戦争によってそれらを解決しなくてはならない状況にあったのです。しかし国民には、他国の戦争に介入する意志はないと約束して選挙で勝ってきたので、いかにして日本に最初に戦争をしかけさせるか、秘かに戦略を構想していたのです。

その戦略はOSSというスパイ組織が担いました。OSSはアメリカにあった日本人に対する人種的な差別感と日本に対する反感をうまく利用しながら、日本を挑発しました。これは私の『戦後日本を狂わせたOSS「日本計画」』（展転社）で分析していますが、そこで引用した、当時の歴史家チャールズ・ビアードの『ルーズベルト大統領と一九四一年の戦争の到来』（一九四八年）などの史料は決定的です。

十一月には、日本軍の中国・インドシナからの無条件撤退などを要求する国務長官の提案（ハル・ノート）がつきつけられました。これを書いたのが、ソ連のスパイであったハリー・D・ホワイトで、最初から絶対のめない案をつくり、日本に「最初の一発を撃たせる」（ルーズベルト大統領）ためのものだったのです。

昭和十六（一九四一）年十二月八日、日本海軍はアメリカ領ハワイの真珠湾攻撃を行いました。行ったというより、引き込まれたといったほうがよいでしょう。ルーズベルトはこのハル・ノートのことをアメリカ人には知らせていませんでした。ルーズベルトの目論見どおり、「日本は卑怯なことをする」とアメリカの世論は沸騰しました。日本はOSSの戦略に見事にはまってしまったのです。

同じ日、日本陸軍はマレー半島に上陸し、イギリス軍を撃退し、シンガポールを目指しました。これは東南アジアからの石油の輸送を確保するた

日本軍による真珠湾攻撃

めでした。しかしここはイギリスのアジア最大の植民地でした。プリンス・オブ・ウェールズ号やレパルス号という巨大戦艦を停泊させていたのです。日本海軍の航空部隊は十二月十日に飛び立ち、三度にわたる攻撃によりマレー沖海戦で勝利し、この二大戦艦を撃沈させたのです。航空機の威力を世界で最初に示したのが日本軍だったのです。

停戦の会談は、山下奉文《ともゆき》軍司令官によりシンガポールで行われ、英軍は正式に降服しました。チャーチル首相は落胆しました。英国海軍は初めてアジアで敗れたのです。これは結果的に、アジアからアメリカ以外の西洋諸国を駆逐する大きな事件ともなりました。日本はこれにより世界史の主役となったのです。

しかし、世界史に類例を見ないほどの悲劇が日本を襲いました。米軍による広島、長崎への原爆の投下です。両都市あわせて二十数万人の人々の命が失われました。これを昭和天皇は「終戦の勅書」で、「残虐なる爆弾」と呼ばれましたが、文字通り、国際法に照らしても残虐行為であったのです。それ以前の十万人以上も死亡した東京大空襲とともに、連合軍は大きな汚点を残しました。しかしそれでもドイツと異なり、元首の天皇はそのままで、国体も維持されました。国民は、すぐさま「玉音《ぎょくおん》放送」で言われたように「総力を挙げて将来の建設」に取り組みはじめたのです。

［コラム］世界史を裏で操るユダヤの金融資本

十七世紀にはじまる西洋の世界制覇の裏にはユダヤの金融資本の動きとそれを支える情報網がありました。ユダヤのもつ莫大な資金力によって西洋は支配され、アジアでもその支配がはじまったのです。

日露戦争の前、戦費を捻出するために高橋是清が日本の国債を買ってもらおうと西洋行《あん》脚《ぎゃ》をします。本文でも述べたように、このとき高橋是清はヤコブ・シフというユダヤ人に国債を買ってもらっています。彼がなぜ日本にお金を出すことを決めたかというと、反ロシアという点で日本と共通の認識があったからです。ロシアにおける反ユダヤ主義は非常に強いものだったのです。しかし、それだけではありません。彼らユダヤ人には日露両国に戦争をさせることによって漁夫の利を得るという深謀遠慮があったのです。

巨額な軍事費は正常な予算では組めません。そこに目をつけたユダヤ人たちは資金を提供する代わりに、自分たちが利益を得るために有利な方向に物事を進めようとしました。こうした経緯は普通の歴史書にはあまり出てきません。国家間のかかわりが世界史となり、あるいはヨーロッパ史、アジア史、東洋史といったものになるのですが、歴史の裏面に国と国との間に立って動き回る人々がいるのです。ユダヤ人はまさにそういう存在です。彼らは資金力と情報力を駆使して、自らの利益のために綿密な戦略を立て、時々に応じて各国のナショナリズムを否定し、破壊するという結果を生み出してきました。

ユダヤ人はある意味で国に縛られない存在です。それゆえ、自らの利害のみで動けるのです。国家をもたないため、個人的関係を重視します。文字による契約を重んじます。それとは対照的に、言葉や文字にとらわれず、自然と現実が意識の対象となる日本とは対極の思考をもっています。

そんなユダヤから資金提供を受けることは日本にとってリスクもありましたが、日本には借りても必ず返せるという自信がありました。返せばつけこまれることはないし、支配されることもないわけです。それだけの強い国力がそのころの日本にはあったのです。

日露戦争の勝利は朝鮮や満州における日本の権益をロシアにおかされないという一応の歯止めになりました。またアジアが西洋と実力的にも十分に対等になれることを示しました。その勝利にユダヤ人の援助があったというのは隠れた事実ですが、この勝利は逆にユダヤ人を動かしました。彼らは日本が勝ったのを見て、世界は西洋だけではないと考えるようになりました。そこでアジアを含めた形で世界を支配する戦略を立てはじめました。

それが第一次大戦後につくられた国際連盟、第二次大戦後につくられた国際連合の動きに反映されていきます。

日本という欧米列強と対抗できる力をもつ国がアジアに現れたことによって、ユダヤの世界制覇は日本を含めた形で考えられるようになったのです。それをいまの言葉ではグローバリゼーションといいますが、インターナショナリズムで世界を結びつけようとするユダヤの戦略が二十世紀になると非常に強くなっていくのです。

日本が第二次大戦に繰り込まれたのも、アメリカがユダヤ人に操られた結果です。ユダヤ人はアメリカにドイツを討たせる必要がありました。背景にあるのは、もちろんナチによるユダヤ人の弾圧です。しかし、アメリカにはドイツからの移民も多く、ドイツに敵意をもつ人々は決して多くはありませんでした。ドイツと戦争をするためには、アメリカ国民に戦意をもたらすきっかけが必要でした。

そこでクローズアップされたのが日本の存在です。日本は黄色人種の国であり、その経済力と軍事力はアメリカがアジアに進出する大きな妨げとなっていました。それを破ることはアメリカの失業対策につながり、軍需産業にとっては戦争需要がもたらされることを意味します。そして、その利益を得る人々はユダヤ人にとりわけ多かったのです。

そこでユダヤ人を弾圧するドイツに対する反ナチの戦いに日本を敵国として参加させ、日独を同時に討つという戦略を立てたのです。そうすれば、ドイツのユダヤ人を助けるために戦う必要があるのかというアメリカ国民の疑問を薄めることができますし、同時にアメリカに経済の活況をもたらし、ユダヤ人は儲けを手にすることができるのです。まさに一石三鳥です。そのためにアメリカの中枢を支配するユダヤ人は、あらゆる手を使って日本を戦争に巻き込もうとしたのです。

そのような陰の力としてユダヤ人が働いた結果、日本は戦争に巻き込まれていきました。真珠湾攻撃によって「日本が戦争を仕掛けた」ようにアメリカ国民に印象づけつつ、実は日本を戦争に引きずり込んでいったのです。その中心にいたのがユダヤの金融資本だったことに注目しなければなりません。

第十四章　現代に続く日本文化の財産

◉日本の歴史が培った共同体とともにある一体感

戦時中は動員体制がとられ、物資不足などで苦しい生活をしましたが、日本人はよく耐えました。国外は未曾有《みぞう》の戦争でありながら、日本の内部では平和が保たれていました。このことは、ヨーロッパ諸国がレジスタンスなどの内戦で混乱したのと比べれば、きわだった特色です。多くの人々が空襲で命を落としながらも、生き残った国民は平静に終戦を迎えました。八月十五日の天皇の玉音放送の後の日本人の姿が、そのことをよく示しています。

戦争をはじめたのも天皇のお言葉であり、戦争の終結も天皇のお言葉でした。そのつながりが国民を安心させたのです。

多くの言論が、あたかも戦後は、戦前とはまったく違う時代が来たようにいいますが、それは決して事実ではありません。

「海行かば　水漬《みづ》く屍《かばね》

山行かば　草むす屍
大君の　辺《へ》にこそ死なめ
かえり見はせじ」

戦争中愛唱された「海行かば」という歌です。
この歌は奈良時代、歌人の大伴家持《おおとものやかもち》が天皇家をお守りする大伴家の家系に誇りをもち、天皇のために死ぬのは少しも後悔しないと詠んだ歌です。戦後はこの歌を封建的である、古くさいなどといって封じ込めようとしました。では、次の和歌を見てください。

「うらうらに　照れる春日に　ひばりあがり　心悲しも　独りし思へば」
「ひさかたの　雨の降る日を　ただ独り　山辺に居れば　いふせかりけり」

晴れの日も雨の日も感じている寂しさを詠んだものです。これも大伴家持の歌です。ここにあるのは、まさに「近代」人と同じ孤独感です。家持は、極めて「近代」的な感覚を備えた人なのです。

そういう人でも、共同体とともにある共生の精神をもっていました。それを示すのが「海行かば」の歌です。天皇のために死んでも後悔しないというのは封建的でも古くさいのでもありません。人間として共同体の中で生きている、共同体と自分は一体であるという感覚であり、感情であり、精神なのです。それは日本の歴史が培ったものであり、そういう精神を備えているのが日本人であるということができます。

特攻隊の人々もそういう心の持ち主だったのです。だからこそ、心から国を信じて命を懸けることができたのです。

やはり戦時中に盛んにうたわれた歌があります。

「貴様と俺とは同期の桜
同じ兵学校の庭に咲く
咲いた花なら散るのは覚悟
みごと散りましょ国のため

貴様と俺とは同期の桜

離れ離れに散ろうとも
花の都の靖国神社
春の梢《こずえ》に咲いて会おう」

歌詞の中の「兵学校」が「航空隊」に変えられたりして、どこでも歌われました。死んでも魂になって靖国神社で会おうと、希望をもって戦った日本人がいたのです。

◉「和」の社会を崩壊させようとしたGHQの思想統制

先ほど述べたように、OSSは、最初から天皇を断罪しない、象徴として残す、という方針でした。マッカーサーやGHQが決めたわけではなかったし、最初から日本を無条件降伏させるというものではなかったのです。確かに、その後、憲法の制定、神道指令、公職追放、財閥解体、農地改革など、日本の過去を否定する諸改革が次々と二年ほどの間に行われました。OSSは戦後すぐ解散しましたから、その連中がGHQに流れ込んだのです。ホイットニーが率いる第二民政局が、それらの采配をふるいました。

昭和天皇とマッカーサーの会談

天皇が守られたことと、政府はそのまま継続していたこと、アメリカが日本本土に上陸しなかったことは大変重要なことです。沖縄を除いて、日本の本土で一度も地上戦がなかったことは記憶されなければなりません。確かに大東亜戦争末期、本土は激しい爆弾攻撃を受け、敗戦という事態を招きました。

しかし、本土では地上戦がなかったために、人々が地上で殺しあうことはなかったのです。また、さまざまな文化遺産を焼いてしまうようなこともなかったために、過去の日本と現在の日本が断絶することはありませんでした。人々の生活は、明治時代以前から同じように続いていて、それは今日まで続いている感覚があります。特に京都と奈良が爆撃を受けなかったのが大きかったでしょう。つまり国体は一応、守られたのです。これは決定的にドイツと異なることでした。ドイツでは政府が完全に崩壊し、地上戦で破壊されたのです。

しかしOSSとGHQの戦後改革で、日本人は精神的転換を迫られました。彼らの言論統制は、それを知られないように徹底的に行われました。欧米の影響の強さは戦前以上に大きくなり、民主主義の名のもとに教え込まれた思想は、平等、権利、個人主義、自己主張せよ、ということでした。

一見、正しいように見えて、それはもともとあった伝統社会、日本での「和」の社会を崩壊させようとするものでした。特にそれが教育界に及び、日教組をはじめ、社会主義的な教育学会がそれを主導していきました。またキリスト教を普及させようとして、戦後、この宗教にもとづく大学が多くつくられました。戦後十数年は、スト、デモが頻発しました。労働運動が活発であったのも、この民主主義のおかげでした。ソ連や中国、北朝鮮の実情も伝えられず、いたずらに理想化されていました。知識人からも、一斉に近代主義、社会主義の影響下に言論が流布されたのです。

特に大学の左翼化は著しく、一部の人文学科では、共産党員でないと就職できないという状況さえ現出してしまったのです。そこで教育されると、思考パターンも、言動も、左翼化せざるをえなくなりました。特に戦後生まれの日本人は、その教育の影響を強く受けざるをえなかったのです。「団塊の世代」といわれる人々の多くがそれです。

しかし、一般社会では、こうした戦後改革は、日本に合わせた形で吸収されていきました。

日本の共同体も、戦後は国家から企業体や同業者団体になり、消えることはありませんでした。個人主義や権利の主張が盛んになりましたが、それも、共同体の中で生かされるという形は戦前と変わっていません。最初は模倣からはじまり、それを改良していくという形がさまざまな分野で見られました。高度成長時代の経済を伸張させたのも、技術改良主義でした。

経済ばかりではありません。政治も思想もそうでした。

国際政治では新たに**国際連合**ができましたが、戦後四十年はアメリカを中心とする自由主義陣営とソ連を中心とする社会主義陣営が対立し、**冷戦**が続きました。しかし、社会主義陣営は徐々に弱体化していき、ついに崩壊してしまいました。いま社会主義と称して残っている国も、実質はすでに資本主義化しています。しかしその思想自体は、まだ全面的に批判されておらず、くすぶったままで日本にも残されています。

社会主義国では共産党独裁であったため、これを批判したり反対した人々が多く殺されました。日本でもその思想的影響はまだ残っており、その全体主義的思想が批判されないまま、日本の新聞・テレビなどのマスメディアを支配している傾向があります。

◉日本文化というかけがえのない財産

戦後の日本は、戦後民主主義の名のもとで、すでに述べたようにOSS—GHQの統制下にあることを自覚できないまま、日本の過去の文化を否定する風潮から始まりました。それは人々にアメリカニズムの物質主義、ソ連崇拝の社会主義の思想を植えつけるものでした。

当然、戦後の文学、思想も、輸入されたものの焼き直しか、人工的な自己否定のものでしかありませんでした。「近代主義」「個人主義」が謳歌され、その名のもとに、欧米人を模倣しようとすることがはやり、文学では、それが翻訳体で表現されました。大江健三郎や村上春樹などの作品がその例です。それはあたかも、新しい文学体であるかに見えました。そしてその人工性が、もてはやされました。今もそれが続いているようです。しかし、その世界は、日本の伝統を否定し、デラシネ（根無し草）の状態を描き出そうとしているものです。

むろん戦後、川端康成、小林秀雄、三島由紀夫などが日本的な独自の感性を示そうとする文学もありました。映画では小津安二郎《おづやすじろう》、黒澤明《くろさわあきら》や溝口健二《みぞぐちけんじ》などが日本の伝統的な物語を映像化しています。絵画では棟方志功《むなかたしこう》が日本の過去の文化を取り込みながら前衛絵画を制作しました。しかしこの世代が消えゆくにしたがって、日本文化は衰退していくかに見えます。

日本は世界の経済大国になりました。アメリカや中国と比べて、国の規模は小さいことから考えると、その実力は世界一といえるでしょう。一国でヨーロッパ連合の半分以上の力があることを数字で表しています。

勤勉さも、協力しあう精神も残り、神社、仏閣も多く現存しています。東日本大震災のときにも、日本人の道徳的な秩序を失わない態度が、世界から称賛されました。お見舞いをされた天皇、皇后両陛下への敬愛はあらためて人々の心に宿りました。

ただ欠けているのは、いつの間にか、「民主主義」の名を借りて、少数派が、多数派のように発言力をもっていることです。それに対抗する保守の人々が、これらの物質主義、社会主義に対抗する「言葉」をもっていないことです。伝統と文化は、事実として存在するのであって、言葉が先行するものではありません。日本の変わらぬ思想、歴史観の論理づくりが必要です。

これまで見てきたことでもわかるように、日本の文化は他の国にはない貴重な遺産にもとづいています。これからはそれをよく再認識していかなければなりません。これは決して偏ったナショナリズムではありません。それ自体、世界の人々と分かちあうべきインターナショナルな文化なのです。それを守ることは、われわれの祖先のつくった文化遺産を守ることなのです。

◉三島由紀夫の死と日本人のあるべき生き方

戦後の文化史で特徴的な事件といえば、昭和四十五（一九七〇）年の三島由紀夫の陸上自衛隊市ヶ谷駐屯地での自決事件があげられます。三島由紀夫は川端康成や谷崎潤一郎といった文豪の弟子であり、文学者としてひときわ才能のある存在でした。一方で、東大法学部を卒業し、高等文官試験に合格して大蔵省に入省するほどの社会的にも嘱望された人でもありました。その人がなぜ自殺をしたのかを考えると、そこに戦後の日本の問題が見えてきます。

文学者は文学で自己を表現します。小説とは芸術であり、そこには常に人間が表現されています。時代は変われども人間は社会的存在です。話す言葉や体格の違いはあってもそうした人間であることに変わりはありません。

表現方法としての小説は資本主義が発達した十九世紀的なものであったといえます。人間の典型はだいたい十九世紀に出てきているのです。そこでは国家と個人の問題がともに重視され、個人的感情をもとに人間像が表現されました。

谷崎潤一郎や川端康成と比べると、三島由紀夫の小説には、濃密な日本の伝統文化の社会が描かれていません。戦後は特にそうした過去が否定される時代でもありました。三島由紀夫には、自分の小説でそれに代わる新たな世界を構築することは不可能と感じられたのです。そのことが小説家を続けられないという絶望につながったはずです。その絶望がなければ、これだけの小説家が死を選ぶはずはないのです。

もう一ついえば、戦後の天皇が、人間宣言により神としてではなく一人の人間として見られるようになったことへの失望があったと思います。天皇の神格化によって支えられていた日本がそれを失ったという絶望感が重なっていたと見ることができます。

あらゆるタイプの小説が書かれてしまって、もはや新たな世界をつくれないという小説家の絶望感は、過去の多くの小説を知る知性的な三島には、切実な問題であったはずです。芸術の形式の成熟と没落は、すべての芸術に共通します。ですから、三島がもう小説の時代ではないと自覚したことは正しかったと思います。その根底には、日本の伝統と文化が失われてしまったという嘆きがあったでしょう。伝統と文化が新しい状況に対応して常に変わっていくということにも期待をもてなかったのでしょう。

これまでも述べてきたように、本来、日本の文化と伝統は自然を基本にしています。そして自然は決して終末を告げることはありません。確かに戦後は焼け野原にもなりましたし、その後の乱開発によって森が消失して禿山《はげやま》になった山もあります。しかし、いまでも日本の国土の七割は森林です。

自然史が続く限り世界は続き、日本も続くという確信が潜在的に日本人にはあります。もう五十億年、百億年と自然は続いています。その自然が簡単に失われるはずはないのです。地球が隕石で粉砕されたり、水が乾ききることがなければ、永遠に続くでしょう。こういう強い認識の中に日本人がいる限り、絶望する必要はないのです。

小説は近代の西洋で生まれました。西洋で生まれた以上、西洋的精神と格闘せざるをえません。それに対する絶望も三島にはあったのかもしれません。その絶望とは、日本が西洋に及ばないという意識です。それが自己に対する否定的な考え方に及んでしまったかもしれません。これは江藤淳の死、あるいは最近の西部《にしべ》邁《すすむ》の死の原因にもなったと思われます。

しかし、この考え方も間違っています。「日本のありのままでいい」ということがもっと自覚されるべきなのです。ありのままで考えるということは人間肯定に結びつきます。それは人間のヒューマニズムに適合しているのです。キリスト教のような一神教の神がすべてをつくったと考える世界よりも、より自然です。日本人はずっとそうして、ありのままに生きてきたということが認識されて初めて、日本の文化・文明の強さ、世界的な確固たる位置づけが可能になるのです。これが日本人の生き方の主張になっていくはずです。

こうした見方で日本をもう一度見直すことが大切です。「西洋的個人主義がもてない日本人」とか「子供っぽい日本人」などというコンプレックスに悩む日本人が多いのですが、それも誤った認識です。それよりも、「日本の生き方のほうが自然な生き方である」という認識をもつことが、日本人の歴史をもう一度見直す大きな鍵になるということです。

その認識をもつことが、いまの知識人の問題でもあるし、歴史観の問題でもあるのです。

◉われわれは自分の言葉を取り戻さなければならない

そろそろ私の話は終わりにします。

皆さんは家の近くを散歩すると、神社や仏閣が多いことに気づくでしょう。その数は、コンビニエンスストアの三倍以上もあるのです。私たちはそこに行くと、自然に手を合わせます。心が安まります。それが私たち日本人の信仰心――宗教なのです。あるいは、祖先たちがこれらをつくってきたこと、そのことへの敬意の気持ちが湧くでしょう。そこに神仏がおられるという雰囲気だけでも、人間の弱さ、哀しさを慰めてくれるものです。また生きる精神力を高めてくれるものです。人工的な西洋の宗教や思想よりも、日本の風土に根づいたものなのです。

思想では、戦後、占領下で日本の過去を否定する風潮が高まったので、その影響がいまだに続いているのです。現代は国家を考える際に、政治と宗教は分離するというのが建前になっています。しかし、それは間違いです。

今日、日本人はあまり宗教のことを話したがりません。政教分離の結果でしょう。

しかし、日本にそれを押しつけたアメリカは、そしてロシアは、キリスト教国家であることを忘れてはなりません。両国に行けば、どこにでも教会があります。人間は古来、宗教なしには生きてこられなかったのです。人生のことは我慢したり強がったりしますが、死は誰にでもやってくるもので、そこから逃れる特権はないからです。

日本には古来の神道があります。死んだら神になるのです。御霊になるのです。仏教がきたら、仏になることになりました。死ぬと御陀仏になるのです。こんな仏教は日本だけです。神道と同じです。

平成二十三（二〇一一）年三月十一日、東北では大地震とともに津波で、多くの人々が亡くなりました。その日、私は東京のビルの中におり、その揺れで、死を予想しました。幸い、大きな揺れだけでビルが倒壊することはありませんでした。しかし、そのとき感じたのは、科学では予知できない自然の強大さと、それへの畏怖でした。そして電車もバスも止まったため、都心から自宅まで東京の街中を歩きました。歩くことの重要性を改めて感じさせられました。

その後、テレビであの東北の海岸を襲った巨大な津波を見たのです。予想以上の波の襲撃に絶句しました。そこに恐ろしいまでの惨状が現出し、私たちは自然の力を感じたのです。昔の人なら、強い神々の力を見たといったことでしょう。われわれも「神を見た」のです。

古代の日本が宗教国家であり、今日の日本が政治・経済国家である、などと分ける必要はありません。

だいたい、「古代」「中世」「近代」などと時代区分するのは、進歩史観に毒された間違いです。日本の歴史は一貫して天皇がおられるように、過去と現代を分ける必要はないし、そのようなことはできないのです。その根底には大八洲《おおやしま》の国の自然の中で生きてきた、日本人特有の人間観が根強くあるのです。それは、必ずしも言葉で強く主張することはできないものです。自然信仰、御霊信仰、そして皇祖霊信仰があるのです。科学は大きく進歩しましたが、それがこのような信仰をついえさせたわけではありません。死が変わることがない限り、これらの信仰が消えるはずがないからです。

東北の大震災で二万人近い方々が亡くなりました。人々は密かに、彼らは神になった、と考えています。自然の猛威の犠牲者としてだけではなく、自然が神となって彼らをあの世に導いたのだとも考えているのです。そのような考え方があるからこそ、日本人は自然を恨んだり、憎んだりしなかったのです。

死は個人の問題です。しかし個人の死だけではありません。日本人としての死です。今度の津波による死も、そうした共同体の中での死でした。一人ひとり別々に死んだわけではありません。日本人の共同体の一員として死んだのです。

それは、われわれが日本という共同体があるから日本人として生きられる、ということを教えます。そこには日本人としての精神的な強い結びつきがあるのです。

しかしながら、現在、日本の現実と精神の間にはあまりにもズレがあるようです。日本人が常日頃感じていることと、新聞、テレビなどやアカデミズムの語る言論との差が大きすぎるのです。そこにたずさわる人々が戦後の教育と西洋に対する誤解から、日本人である自分を失っているのです。思想家の多くも、まだ西洋の思想にこだわりすぎているのです。カタカナ言葉が飛び交う世界は、昨日今日習ったもので、日本人本来の精神とはかけ離れているものです。しかし、今度の大災害で、その言論の虚構性ははっきり認識させられました。われわれは自分たちの言葉を取り戻さなければならないのです。本書はできるだけその線に沿って、日本国の歴史を書いたものです。

【著者略歴】

田中英道（たなか・ひでみち）

昭和17（1942）年東京生まれ。東京大学文学部仏文科、美術史学科卒。ストラスブール大学に留学しドクトラ（博士号）取得。文学博士。東北大学名誉教授。フランス、イタリア美術史研究の第一人者として活躍する一方、日本美術の世界的価値に着目し、精力的な研究を展開している。また日本独自の文化・歴史の重要性を提唱し、日本国史学会の代表を務める。著書に『日本美術全史』（講談社）、『日本の歴史 本当は何がすごいのか』『日本の文化 本当は何がすごいのか』『世界史の中の日本 本当は何がすごいのか』『世界文化遺産から読み解く世界史』『日本の宗教 本当は何がすごいのか』『日本史５つの法則』『日本の戦争 何が真実なのか』『聖徳太子 本当は何がすごいのか』『日本の美仏50選』『葛飾北斎 本当は何がすごいのか』『日本が世界で輝く時代』『ユダヤ人埴輪があった！』『左翼グローバリズムとの対決』『日本国史の源流』『京都はユダヤ人秦氏がつくった』『新 日本古代史』『日米戦争最大の密約』（いずれも育鵬社）、『決定版 神武天皇の真実』（扶桑社）などがある。

日本国史・下——世界最古の国の新しい物語《ヒストリー》

発行日　2022年３月20日　初版第１刷発行
2024年６月20日　　　第10刷発行

著　者　田中英道

発行者　秋尾弘史

発行所　株式会社　育鵬社
〒105-0022　東京都港区海岸1-2-20　汐留ビルディング
電話03-5843-8395（編集）　http://www.ikuhosha.co.jp/
株式会社　扶桑社
〒105-8070　東京都港区海岸1-2-20　汐留ビルディング
電話03-5843-8143（メールセンター）

発　売　株式会社　扶桑社
〒105-8070　東京都港区海岸1-2-20　汐留ビルディング
（電話番号は同上）

本文組版　株式会社　明昌堂

協　力　ダイレクト出版株式会社

印刷・製本　サンケイ総合印刷株式会社

定価はカバーに表示してあります。

ISBN 978-4-594-09096-8

本書のご感想を育鵬社宛てにお手紙、Eメールでお寄せください。
Eメールアドレス　info@ikuhosha.co.jp